Las 10 de la CyberGeneración

10 plagas que atacan tu vida
y pondrán en peligro el futuro del planeta

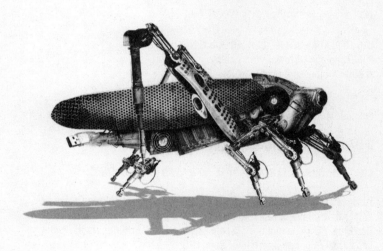

Ale Gómez

www.especialidadesjuveniles.com

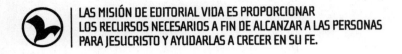

LAS MISIÓN DE EDITORIAL VIDA ES PROPORCIONAR
LOS RECURSOS NECESARIOS A FIN DE ALCANZAR A LAS PERSONAS
PARA JESUCRISTO Y AYUDARLAS A CRECER EN SU FE.

LAS 10 PLAGAS DE LA CIBERGENERACIÓN
Publicado por Editorial Vida - 2007
© 2007 Alejandro Gómez

Edición: *Andrés Carrodeguas*

Diseño de interior: *CREATOR studio*

Diseño de cubierta: *CREATOR studio //* info@creator.com.uy

Fotografía: Gokhan Okur / Robb Kiser / Simon Cataudo / Kevin Carroll
Patti Adair / Dave Green / Daniel Wildman / Sherief Yousri / Cancia Leirissa
Dan Ellis / Chris Cummings / Sanja Gjenero / Jean Scheijen /Jason Aaberg
Leo Cinezi / Hannah Boettcher / Anna H-G

Reservados todos los derechos.
A menos que se indique lo contrario, el texto bíblico se tomó de la Santa Biblia
Nueva Versión Internacional © 1999 por la Sociedad Bíblica Internacional.

ISBN: 978-0-8297-4864-2

Categoría: JUVENIL NO FICCIÓN / Religión / Vida Cristiana

Impreso en los Estados Unidos de América
Printed in the United States of America

09 10 11 12 ❖ 8 7 6 5

CONTENIDO

Presentación: Por Lucas Leys — 5

Introducción: Confesiones de un «guerrero» — 7

Primera plaga//
LA HOMOSEXUALIDAD: «Un santo en Babilonia» — 11

Segunda plaga//
EL ABORTO: «Salvemos a los dos» — 29

Tercera plaga//
LAS DROGAS: «Mi amante blanca» — 51

Cuarta plaga//
LA MASTURBACIÓN: «La tijera de Dios» — 69

Quinta plaga//
EL ABUSO Y LA VIOLACIÓN: «Un juego inofensivo» — 83

Sexta plaga//
LA BULIMIA Y LA ANOREXIA: «Lo que se usa» — 101

Séptima plaga//
LA VIOLENCIA FAMILIAR: «La historia que se repite» — 127

Octava plaga//
EL ALCOHOL: «Caída libre» — 145

Novena plaga//
LA DEPRESIÓN Y LA SOLEDAD: «No tengo respuestas» — 161

Décima plaga//
DESCIFREMOS LA CLAVE SECRETA:
«¡Por favor, ajústate el cinturón!» — 181

Perfil de Ale Gómez por Iván Ramírez Devia — 199

PRESENTACIÓN

Me pone la piel de gallina presentarte este libro porque creo que este manual de consejos es una valiosísima herramienta para que alcances plenamente tu potencial. Por un lado este libro tiene el propósito de ayudar a aquellos que luchan con los desafíos que aparecen en estas páginas y por el otro el propósito de «Las 10 plagas de la cybergeneración» es también ayudar a líderes que acompañan a la nueva generación a enfrentarlos también.

Ale Gómez miró estos desafíos a los ojos, les habló en voz alta y quiso ponerse a tu lado para que los puedas enfrentar, y sobre todo, los puedas conquistar. Ale habla con la pasión de alguien que siente una carga inmensa por la nueva generación. Él está interesado en tu vida y también en la iglesia, y por eso este libro nos ayuda a conectar nuestras experiencias personales con el potencial de responder al llamado de Dios. No es solamente por cuestiones morales que estos desafíos deben ser superados, sino para poder contar plenamente con tu potencial al servicio del Reino de Dios y también que seas tu el que puede alcanzar una completa libertad que te ayude a experimentar tu vida de la mejor manera.

En estas páginas vas a encontrarte con testimonios, datos estadísticos, reflexiones bíblicas y repuestas de especialistas que te ayudarán a ver estos desafíos de una manera real e inteligente. Es un gusto para Especialidades Juveniles presentarte esta nueva aventura de Ale Gómez que te va a ayudar a elevarte al siguiente nivel en lo que Dios te creó para alcanzar.

Dr. Lucas Leys
Director Internacional de Especialidades Juveniles.

CONFESIONES DE UN «GUERRERO»

Alguna vez yo necesite que alguien me dijera la verdad. Estaba en una búsqueda intensa de Dios y dejando que su presencia me transformara; era un tiempo de cambios, y creía que me iba a encontrar con Dios, y que me diría: «Buen hijo mío...», pero para mi sorpresa, lo peor estaba por suceder. ¡Había en mi interior un monstruo horrible; uno que había querido ver y no me habían enseñado a enfrentar!

Tal vez fuera muy impuro para hablarlo desde un pulpito, o demasiado secreto para que lo contara.

Con los años comencé a descubrir otro mundo; aquel que me hace recordar que soy humano y que necesito de un poder sobrenatural para vencer. Aquel que enseña aun a los más renombrados, que los gigantes que creíamos derrotados vuelven a resucitar y nos tenemos que enfrentar a ellos una y otra vez. Pero aprendí una gran lección de alguien que tuvo una gran caída y fue restaurado por Dios. Su nombre era David; tal vez uno de los personajes bíblicos más renombrados, pero también alguien que se equivocó y cometió algunos errores que aún en el día de hoy serían casi imperdonables. Por eso pensé que si hubo una oportunidad para él, también Dios tendrá una para mí. *«Quítame la mancha del pecado, y quedaré limpio. Lava todo mi ser, y quedaré más blanco que la nieve»* *(Salmos 51:7, BLS).*

En esta aventura de diez capítulos serás probado y se te desafiará a conocer tu interior; a descubrir el monstruo que hay ahí mientras hablas en lenguas, ministras en la alabanza o eres rey de una nación. Está dentro de ti, y la realidad es que no quieres enfrentarlo; tienes temor a descubrir la verdad. ¡La meta es que puedas terminar con la cabeza de Goliat en tus manos! Una de mis motivaciones para escribir este libro es enseñarte definitivamente a cortarle la cabeza al enemigo.

Un jovencito llamado David se enfrentó al enemigo de su propio pueblo, un gigante de tres metros y medio lleno de acero con todo el odio de un guerrero asesino que saboreaba ya la muerte de su próxima víctima, que parecía ser un niño indefenso. Se jactaba de haber vencido a cientos y en esta ocasión simplemente lo haría una vez más.

La diferencia en este enfrentamiento se encontraba en el interior de este pequeño, porque en el interior del hombre está la fortaleza para vencer cualquier tipo de obstáculos, ya que en Dios podemos vencer y destruir a los enemigos que creemos que nunca podremos derrotar: *«Cristo me da fuerzas para enfrentarme a cualquier clase de situaciones» (Fil. 4:13, BLS)*. Aquellos enemigos que nos han derrotado una y otra vez, vendrán una vez más a desafiarnos para avergonzarnos y mostrarnos que todavía tienen poder sobre nuestra vida.

Si llegaste a tener este libro en tus manos, es porque Dios te ha elegido para vivir libre. ¡Sí, libre! No predicarás nunca más lo que no vives...

El máximo desafío para tu vida esta por comenzar.
¡Vamos, atrévete a enfrentarte al gigante!

INTRODUCCIÓN

LOS PROPÓSITOS DE ESTE LIBRO

El primer propósito de este libro es ayudar a los jóvenes de Hispanoamérica a ser libres de todas las trampas que el enemigo ha inventado para mantener esclavos a miles de jóvenes con cadenas ocultas. Esas cadenas los han llevado a dejar a Cristo o a vivir aparentando una victoria que no viven en su vida íntima.

Más de una decena de jóvenes han abierto su corazón para contar las historias de sus vidas y compartir contigo su intimidad. Aquí descubrirás cómo hicieron para alcanzar la libertad que todos anhelamos y buscamos en nuestro corazón desde que conocimos a Cristo, y vivir en ella de una manera definitiva.

El segundo propósito es preparar a los líderes juveniles de Hispanoamérica a comprender los problemas con los que sus jóvenes se enfrentarán en estos años, y que no tendrán forma de ignorar o pasar por alto. Tal vez por creer que los cristianos «no debemos contaminarnos», no entendamos nada de lo que pasa en la cabeza de un joven y creamos que reprendiendo algún demonio o diciéndole que si continúa pecando se irá al infierno, eso producirá el gran cambio en él. Eso es un gran error. Jesús fue a la casa de Zaqueo y amó a María Magdalena hasta dejar que lo tocara. (¡Huy, Jesús sí que era arriesgado; una prostituta lo tocó!)

La única manera de entender a nuestra generación es ponerse en el lugar del otro, llorar con él, reír con él y vivir lo que él vive. La clave de este tiempo será estar preparado y entrenado para escuchar y amar como nunca antes lo hemos hecho. Jesús nos diría: «Nos falta un poco de calle, muchachos».

El tercer propósito es preparar definitivamente a la nueva iglesia que está naciendo, para romper con todos los tabúes acerca de la recuperación de jóvenes con enfermedades y problemas comunes a esta generación. Esos problemas han hecho casi imposible la restauración.

Este pequeño manual de ayuda e introducción a las plagas de esta generación, es un trabajo de equipo con profesionales de la salud en la sección «Especialistas al rescate»; con gente que día a día trabaja con adolescentes y jóvenes en situación de riesgo, y con el equipo JW («Jesus Warriors», Guerreros de Jesús). La meta es la transformación de una generación que necesita el amor de Jesús para llenar el vacío que nuestra sociedad le produce.

Los gobernantes de nuestras naciones nos piden que les demos la receta para recuperar adictos, delincuentes, depresivos y toda clase de jóvenes en situación de riesgo. La recuperación en centros de adicción del estado es hasta del 5 %, y en los centros cristianos del 30 al 40%. ¿Cuál es la razón? La razón es el amor que Jesucristo ha derramado en nuestros corazones. Los que se atreven a ayudar y ser parte de este ejército no son suficientes.

Pero Dios necesita una iglesia que cumpla la función de familia sustituta. Sí, esa es la gran clave. La familia que este adolescente nunca podrá tener. Para poder transformar a las naciones, ese será nuestro gran desafío: ser familia, como lo fueron los primeros cristianos. Los que no tenían hogar lo encontraban en la iglesia (no en los templos, entiéndase bien).

Recuerdo a Pablo de catorce años... En la cárcel de menores, una tarde luego de jugar al fútbol con los chicos, me encontré con una carita triste afuera de la cancha y le pregunté por qué estaba así. Él me contó que le faltaba poco para salir de la cárcel, y yo le volví a preguntar: «¿Por qué estás así, si el sueño de todos es la libertad?», a lo que él me contestó: «Pastor, mi mamá fue la que me enseñó a robar y a pedir. Cuando salga de acá, otra vez tengo que salir a "trabajar". Los más grandes me usan de escudo. ¡Yo quiero una familia como la de ustedes!» Lo abracé y me puse a llorar con él y le prometí a Dios que donde vaya, voy a predicar esto de ser «familia sustituta» para esta generación, además de iglesia. Así fue en el libro de Hechos: «Y se añadían a la iglesia cada día los que iban a ser salvos».

Llenamos estadios, pero no corazones; llenamos templos y parques; tenemos radio y televisión, pero nuestra gente vive en una corrupción, una soledad y una maldición cada vez mayores.
¿Será ese el camino?

Ale Gómez

PRIMERA **PLAGA**

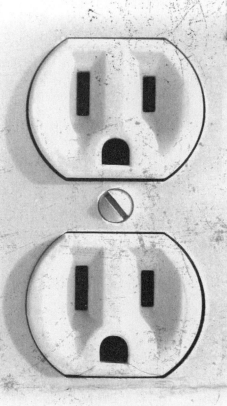

#01 LA HOMOSEXUALIDAD
//UN SANTO EN BABILONIA//

LA HOMOSEXUALIDAD

Cada vez que voy con mi familia hacia la iglesia, pasamos por el mismo sitio donde decenas de hombres «vestidos de mujer» venden su cuerpo y sus «servicios» por solo unos billetes. Verlos vestidos y pintados en forma exagerada y provocando a cuanto curioso los mire, es un cuadro no muy santo, y hasta me causaba repulsión y miedo a la vez. En realidad, el miedo siempre es a lo desconocido, a no saber qué hacer, qué decir; a enfrentar cara a cara y no saber qué proponerles para que cambien su vida.

Mis pensamientos siempre tenían un patrón que repetía lo mismo: «¡Qué asco; qué locura. Ojalá se fueran de este lugar!» Era un pensamiento que hablaba solo de mí, pero había hombres e historias muy tristes detrás de todos ellos, ocultos por medio de un disfraz de perversión. La realidad era que necesitaban encontrarse con Dios.

Nadie se atreve a ser Jesús para ellos; nadie se dispone a escribir en la arena y darles la oportunidad que la vida no les dio. «Pero Jesús se inclinó y con el dedo comenzó a escribir en el suelo. Y como ellos lo acosaban a preguntas, Jesús se incorporó y les dijo: —Aquel de ustedes que esté libre de pecado, que tire la primera piedra. E inclinándose de nuevo, siguió escribiendo en el suelo. Al oír esto, se fueron retirando uno tras otro, comenzando por los más viejos hasta los más jóvenes, hasta dejar a Jesús solo con la mujer, que aún seguía allí. Entonces él se incorporó y le preguntó: —Mujer, ¿dónde están? ¿Ya nadie te condena? —Nadie, Señor. —Tampoco yo te condeno. Ahora vete, y no vuelvas a pecar.(Juan 8:6-11)

Nadie se atreve a estar días, meses, años, junto a ellos para ver su transformación. Tal vez porque salir de estos infiernos no es cuestión de «un pase de magia», ¡y ya está todo arreglado! (llámese «pase de magia», imposición de manos u oración restauradora), sino que se deben invertir horas durante meses para vivir una restauración completa en la persona.

Necesitamos tener amor y un llamado especial para enfrentar incluso nuestras propias debilidades y zonas oscuras para salir victoriosos.

Los sueños de miles de jóvenes quedan hechos pedazos desde su infancia. Ese es el momento donde el «enemigo» intenta marcarlos para toda su vida, con heridas de odio, vergüenza y desilusión. Muchos han sido marcados con abusos de sus familiares, separación de sus padres, ausencia de familia, etc., para empujarlos a una búsqueda equivocada de su identidad sexual.

Todos pasamos por esta etapa de búsqueda sexual. Son como miles de explosiones y sensaciones en nuestro cuerpo que nos impulsan a relacionarnos con el otro sexo. Si estas «sensaciones» pueden ser tergiversadas, esto desemboca en formas incorrectas de encarar la vida y de hacer nuestra elección sexual. Los abusos o las desviaciones causadas por algún ser cercano, marcan la vida de una persona, robando lo más precioso que un ser humano puede perder: la inocencia.

COMO TÚ Y COMO YO...

Esto lo escribo para todos los que dicen estar libres de la homosexualidad; para los ministros de alabanza, los predicadores, los que parecen «normales»... y ministran en plataformas, pero no se atreven a enfrentar esta plaga. Cuando comencé este camino de restauración sexual, descubrí que dentro de la iglesia había «fantasmas» sobre este tema, de los que nadie quería hablar por temor a reconocer que la idea de la restauración por medio de «pases mágicos» no es efectiva, o tal vez que no se pueda profundizar, porque esos métodos esotéricos solo hablan de «espíritus malignos» y no dan lugar a la educación sexual; a la sanidad de la mente y del corazón.

Comparto contigo una historia de terror. Sí, porque me da miedo que esto siga, si nadie levanta la bandera de la verdad. Hace unos meses, una líder de mi iglesia llegó destruida a mi oficina, y me comentó que su mejor amigo le confesó que había vivido una doble vida y que ahora estaba viviendo sus últimos días, y que quería reconciliarse con Dios, porque no podía vivir con la carga que había en su corazón.

LA HOMOSEXUALIDAD

Hasta aquí tu dirás: «¡Qué fantástico. Jesús llegó a su vida y ahora tendrá una oportunidad para reconocerle a él».
¡No! este hombre, que falleció hace unos meses, fue ministro de una iglesia muy famosa, y sus CDs de alabanza recorren toda Hispanoamérica.
Es más. En este momento estoy escuchando un CD con su voz. ¿Qué nos ministró? ¿En qué espíritu lo hizo?
La segunda historia de terror comenzó hace veinte años, cuando conocí a un joven con su novia. Él llegó a mí y me comentó que había sido librado de un espíritu de homosexualidad en otra congregación, pero su pastor había querido abusar de él, porque tenía inclinaciones homosexuales.
Tomé esta pareja destruida por «la misma iglesia» y comenzamos dos años de restauración. Él comenzó su ministerio personal en otro lugar, y ese ministerio explotó por su testimonio de vida de haber sido «travestí» y ahora ser totalmente hombre.

LOS SUEÑOS DE MILES DE JÓVENES QUEDAN HECHOS PEDAZOS DESDE SU INFANCIA. ESE ES EL MOMENTO DONDE EL «ENEMIGO» INTENTA MARCARLOS PARA TODA SU VIDA, CON HERIDAS DE ODIO, VERGÜENZA Y DESILUSIÓN.

Esto generó en él una independencia total en cuanto al tema del pastoreo en el aspecto sexual y nunca más hablamos de ese tema, que debía ser cuidado de por vida por un ministro confidente. Las peores noticias me llegaron quince años después, cuando supe que tiene más de diez denuncias de abuso y su matrimonio ya no existe. Cientos de personas no creerán nunca en Jesucristo con ministros así. Algunos dirán que los culpables son los demonios del sexo. Otros culparán solo a su infancia y a los hechos vividos en ella. La verdad es que generalmente habrá una mezcla entre los dos, pero hay algo que nadie puede eludir y definitivamente tiene que ver con la responsabilidad personal de involucrar el cuerpo en algo que no le agrada a Dios.

El lugar donde estás hoy es el fruto de las decisiones que has tomado en el pasado. La buena noticia es que tu fruto estará marcado por las decisiones que tomes *hoy*. Dios nos dio la libertad de elegir y si elegimos mal, somos culpables. A eso, él lo llama «pecado». Suena anticuado, pero desde Adán y Eva no hay otra forma de remediar la acción del pecado, que no sea por medio del *arrepentimiento*. El cambio de dirección o el cambio de mentalidad es la única manera de salir de ese lugar tan oscuro. De la mano de Jesucristo, quien es el camino que deben recorrer, y la verdad que deben reconocer aquellos que sufren de esta plaga. «*Yo soy el camino, la verdad y la vida —le contestó Jesús—. Nadie llega al Padre sino por mí*» (Juan 14:6).

CUANDO LO IMPOSIBLE SE HACE REALIDAD

La próxima historia pertenece a una valiente que ha decidido compartir este testimonio contigo para que sepas que tenemos un Dios que trasforma vidas aun hoy.

«Mi nombre es Romina y quiero abrirte mi corazón para contarte cómo era mi vida, y el maravilloso cambio que Dios hizo en ella. Mi familia está compuesta por siete hermanos; de niños éramos muy pobres, no teníamos para comer, vivíamos sin luz, estábamos muy mal. Por eso, a muy temprana edad cada uno de nosotros comenzó a trabajar para poder sobrevivir. La relación con mi madre casi ni existía. Ella me hacía sentir todo el tiempo que no me quería; me reprochaba el hecho de haber nacido mujer. Ella "quería otro varón". Tanto era su rechazo, que quiso regalarme; finalmente, no lo hizo.

»Mi padre no vivía en casa. Casi no lo veía; apenas si nos cruzábamos por la calle, pero nunca existió ningún tipo de relación. Mi familia estaba totalmente destruida. Mis hermanos fueron víctimas del abuso sexual, uno de ellos comenzó a drogarse y a robar, y fuimos víctimas de sus maltratos y de sus locuras.

»Recuerdo que a los nueve años sucedió algo muy fuerte que marcó toda mi adolescencia. Un día, un amigo de mi hermana vino a casa, y comenzaron a suceder cosas que

LA HOMOSEXUALIDAD

no eran normales para una niña de mi edad. Él comenzó a abusar de mí. Tocaba mi cuerpo, me besaba y tenía juegos sexuales conmigo. En ese momento yo creía que era algo normal, pero con el tiempo me di cuenta de que no lo era.

»Durante cuatro años, abusó de mí. A raíz de esto, mi vida se llenó de odio, de dolor, de enojo. Sentía rechazo hacia los hombres, y comencé una etapa diferente. Estaba totalmente fuera de mí misma; entregaba mi cuerpo por un paquete de cigarrillos o por vino; por lo que me dieran. Comencé a mantener relaciones con vecinos, taxistas y amigos. Dejaba que me manosearan y que hicieran lo que quisieran conmigo.

»Durante ese tiempo asistía a una iglesia, creía en Dios, pero todo lo que me pasaba, lo que vivía, hacia que dejara de creer. Nunca me hubiera imaginado una vida así; nada me hacía sentir bien. Buscaba siempre algo más.

»Llegué a jugar sexualmente con una niña. La llevaba a mi casa, la besaba, la desnudaba, le hacia exactamente lo mismo que me habían hecho. Luego lo repetí un niño. Todo era horrible: me sentía sin identidad; no era yo, no me sentía mujer. Trataba de escaparme de todo esto a través del alcohol o fumando; mezclaba las bebidas para que fueran más fuertes, pero nada ocurría. Me sentía rechazada por todos; en el barrio me trataban como un varón. Por eso intenté suicidarme.

»A raíz de esto comencé a mirar a las mujeres con otros ojos, de una manera diferente, y comencé a hacer cosas que no quería hacer. Creía que era normal mantener relaciones con mujeres. Comencé a sentir que debía vestirme y actuar como un varón, ya que eso me hacía sentir segura de que nadie volvería a herirme como cuando era niña.

»Mi hermano me llevó nuevamente a la iglesia, pero recuerdo que esa vez, cuando entré, ocurrió algo que no podía entender. Desde que me senté en la silla, no pude dejar de llorar. La palabra del pastor llego a mi corazón. Sentía que me hablaba directamente a mí; fue impactante. Al otro día, todo seguía igual; lo veía todo gris, me sentía encerrada, rodeada de cuatro paredes. Estar en mi casa era un verdadero infierno, y yo quería salir de todo eso, así fue que comencé a asistir más seguido a la iglesia. Ya sentía que me gustaba ir, pero el paso de la semana se me hacía eterno. Esperar hasta el sábado o domingo para ir era interminable.

»Le conté mi testimonio a la esposa del pastor. Compartí con ella cómo era realmente mi vida y a partir de ahí me di cuenta de que Dios sí existía. Reunión tras reunión, y a través de las prédicas, Dios me ministraba, pero siempre yo misma ponía una barrera. No le abría mi corazón a Dios, hasta que me di cuenta de que Dios te transforma cuando le puedes contar todo y sincerarte con él.
»Una vez que pude sacar lo que había en mi corazón, Dios empezó a transformarme, a cambiarme, a quitar el odio, el rencor y el pecado de mi vida. *"Si confesamos nuestros pecados, Dios, que es fiel y justo, nos los perdonará y nos limpiará de toda maldad" (1 Juan 1:9).*
»Hoy tengo veintiún años y ya han pasado cuatro años de esta nueva vida. Siempre pensé que era imposible cambiar todo lo que me venía pasando. Creía que no le podría contar a nadie lo que yo había hecho, y lo que me habían hecho a mí. Hoy me doy cuenta de que la realidad es otra y que Dios es parte del cambio. Hoy puedo mirar y amar a mi madre, a mi padre, a la persona que abusó de mí, sin odio ni enojo, porque Dios sanó mi corazón. Ahora tengo sueños, metas, y aunque tenga que seguir luchando, sé que de la mano de Dios, todo es más fácil. Ahora soy una persona diferente; puedo ayudar a quienes han pasado por situaciones similares, sabiendo sobre todas las cosas que Jesús murió por cada uno de nosotros, dio su vida por amor y pagó un precio por mis pecados. Todo cambio depende de que tomemos la decisión. Para enfrentarse al presente, solo hay que pagar un precio, como él lo hizo por nosotros. Con amor, Romina».

Comparto contigo otra historia acerca de la vida de un hombre que se animó a enfrentarse a la vida homosexual tomado de la mano de Dios. «Mis padres se divorciaron cuando yo tenía tres años de edad. Crecí con una tremenda necesidad de afecto paterno. Yo le decía a mi mamá que quería un papá. Le preguntaba: "¿Por que no le dices a mi profesor Juan que se venga a vivir con nosotros para que sea mi papá?" Desde chiquito les echaba el ojo a los hombres que podían ser una buena figura paterna para mí. Fui creciendo con esta tremenda necesidad de afecto masculino y estaba rodeado de muchas mujeres: mi abuela, mi madre y mi hermana; muchas figuras femeninas a mi alrededor, y esto unido al hecho de que cuando nací, en mi casa esperaban que yo fuera niña, y mi hermana sobre todo me trataba como a la hermanita que no tenía. Por eso no es de extrañarse que de niño me volviera afeminado y los demás niños se refirieran a mí como homosexual, con las palabras que todos conocemos. Esto hacía que me aislara. Yo anhelaba jugar fútbol con los niños en la calle y a veces salía con ellos, pero me sentía inadecuado para cualquier juego rudo. Además,

AHORA TENGO SUEÑOS, METAS, Y AUNQUE TENGA QUE SEGUIR LUCHANDO, SÉ QUE DE LA MANO DE DIOS, TODO ES MÁS FÁCIL.

si cometía algún error, las burlas me llovían por mis modales afeminados, de manera que me sentía más seguro en la cocina con mi mamá y mi abuela.

»Desde muy chico abusaron sexualmente de mí, y a la edad de catorce o quince años empecé a tratar con gente homosexual. Empecé a tener experiencias y recuerdo que no me sentía bien conmigo mismo. Pero ellos me decían que lo mejor que podía hacer era aceptarme como homosexual, porque así había nacido; que era algo que no se podía cambiar, y que así iba a vivir y morir. Llegué a creer que lo mejor era dejar de luchar contra mi orientación homosexual y aceptar ese estilo de vida.

»Me involucré en la vida homosexual por muchos años. Al principio parece un mundo color de rosa, donde hay gente que no te ofende, que es como tú. Poder ir a fiestas, a discotecas, poder tener un círculo social de amigos, con los cuales compartes cosas y gustos; sentirte apreciado, valorado, pertenecer a un grupo de gente que te acepta y con el que tienes tantas cosas en común. Sin embargo, con el tiempo, poco a poco comencé a darme cuenta de que el estilo de vida que llevaba no llenaba esa necesidad emocional, ni ese anhelo de ser amado, comprendido y valorado. Al contrario; me di cuenta de que siempre era utilizado sexualmente por otros. En ese entonces tenía relación con dos muchachos, pero seguía sintiéndome interiormente vacío y solo.

»Empecé a beber. Tomaba muchísimo para evadirme de la realidad. A la edad de veinticinco años me enferme gravemente y me vi forzado a hacer un alto en mi vida. Fue entonces cuando unas personas me hablaron del amor de Dios y ofrecieron ayudarme. Decidí dejar la vida homosexual. Decidí dejar esa vida destructiva que estaba llevando cuando supe que había una salida".

LA HOMOSEXUALIDAD

Un hombre o una mujer aparentemente normales que están en la iglesia, pueden estar por dentro más comprometidos con esta «plaga», que otros que por fuera «ya muestran» su inclinación sexual. Tal vez lo hayas ocultado durante años y quizás te haya salido bien, y estés pensado que este libro «también» será una llamada de atención que dejarás pasar, y hasta usarás el material para predicar sobre tu libertad sexual en Cristo, algo que no estas viviendo, porque «nadie» se ha dado cuenta. Pero te tengo una noticia: «Dios y yo» nos hemos dado cuenta, tu vida se derrumbará cuando menos lo esperes, y el golpe será eterno.
¡Este es el momento! No esperes lo peor. Te extiendo mi mano a través de este libro y mis amigos que encuentran en Jesús cada día la libertad que él nos prometió: Seréis verdaderamente libres. «Así que si [Jesús] los libera, serán ustedes verdaderamente libres» (Juan 8:36). ¡Corre a tu pastor ya! Ve al lugar seguro. Dios te esta esperando. Aunque creas que tu silencio te protege, solo es un silencio con olor a muerte; Dios y el mismo infierno conocen tu situación. «Mientras guardé silencio, mis huesos se fueron consumiendo por mi gemir de todo el día. Mi fuerza se fue debilitando como al calor del verano» (Salmo 32:3,4). ¡No hay duda! Será tu primer día de libertad; conocerás lo que es agradecer a Dios y mirarlo «cara a cara» con la frente bien alta. Y él te dirá: «Te doy otra oportunidad; no te condeno. Empieza a vivir y cambia tu vida».

¡ESTE ES EL MOMENTO DEL CAMBIO. COMIENZA AHORA MISMO JUNTO A TU LÍDER O PASTOR A DESCUBRIR LOS 7 PASOS PARA DESCIFRAR «LA CLAVE SECRETA» EN EL ÚLTIMO CAPÍTULO DEL LIBRO

PREGUNTAS DE ALTO VOLTAGE

1// ¿Se puede equivocar Dios con respecto a mi sexo?

2// Lo que siento hacia alguien de mi mismo sexo, ¿es de Dios?

1// Algunos que no conocen a Dios, opinan que de vez en cuando él se equivoca y pone un hombre en un cuerpo de mujer y una mujer en un cuerpo de hombre. De las decenas de personas que he conocido, todas han nacido bien. Los machitos bien machitos y las nenas bien nenas. Pero las circunstancias de su crecimiento familiar o en la gran mayoría de los casos, algún tipo de abuso, han distorsionado el plan de Dios en cuanto a su sexualidad. Lo llamativo es que toda persona tratada con amor reconoce que su sexo original es el sexo con el que nació, y quisiera con todo su corazón ser hombre o mujer. Dios no se equivocó. Si estás leyendo este libro, es porque él te ama todavía y quiere darte otra oportunidad en la vida. No lo olvides.

2// ¿Sabes algo? Muchos hemos sentido alguna vez en nuestro despertar sexual algún tipo de atracción rara hacia alguien del mismo sexo. Simplemente, hemos tenido que rechazar ese sentimiento. Esto es muy común en las mujeres y en las amistades muy íntimas. Muchas veces, al no poder resolver la relación con el otro sexo, uno prefiere reservarse mentalmente, pero la carga erótica la descargará por algún lado, así que pide ayuda a Dios y a otros para resolver aquello que te estorbará en un desarrollo correcto. Yo hoy trabajo con chicas en esta situación y te aseguro que para ellas es un tormento, pero siempre esto tiene su origen en la infancia y en su relación con sus padres. Solo corre a pedir ayuda y serás feliz.

PARA SEGUIR MINISTRÁNDOTE, EL EQUIPO DE JESUS WARRIORS PONE A TU DISPOSICIÓN UN E-MAIL PARA COMUNICARTE CON NOSOTROS (CYBER10@JESUSWARRIORS.NET). ASÍ LES PODRÁS ESCRIBIR A LOS JÓVENES CON LOS CUALES TE SIENTES IDENTIFICADO, Y SABER QUE HAY ALGUIEN MÁS QUE HA ESTADO EN TU SITUACIÓN Y QUE VA A ESCUCHARTE, ENTENDERTE Y ENVIARTE UN MENSAJE DE PARTE DE DIOS.

LA HOMOSEXUALIDAD

especialistas al rescate

La sexualidad es un componente inseparable de nuestro ser. Somos seres sexuados, y prácticamente todo lo que sentimos, pensamos, decimos y hacemos está profundamente afectado por esa realidad. La forma en que nos relacionamos con los demás y aun con Dios, está determinada en gran manera por nuestra identidad sexual.
Los factores que producen la homosexualidad son muy variados.
No puede hablarse de uno solo que conduzca a ella. No podemos hacer de la homosexualidad una relación de causa y efecto. Esto demuestra que el valor de las convicciones tiene gran peso a la hora de decidir el comportamiento sexual. Pero si una persona desea cambiar, es absolutamente posible que lo haga.
Una persona es homosexual porque decide serlo. No es una enfermedad; no es cuestión de un tratamiento psicológico. En la gran mayoría de los casos, hay factores externos que los han impulsado a esa decisión y los han llevado a vivir de esa manera. La familia es un factor crítico y fundamental en la mayoría de ellos. Hoy, los mismos homosexuales piden que no se les discrimine porque siendo perfectamente normales, han adoptado una vida homosexual. A veces, detrás de la homosexualidad existe un gran temor hacia el sexo opuesto, y ellos se refugian en la homosexualidad para no enfrentar ese temor.

TRATAMIENTOS DE LA HOMOSEXUALIDAD SEGÚN LOS ESPECIALISTAS CRISTIANOS.

Hay tres teorías que dicen cómo debe ser el tratamiento, según el origen que haya tenido la conducta homosexual. Difieren totalmente entre sí, aunque hay dos que pueden combinarse.

a. Por posesión demoníaca.
b. Por desvío de conducta.
c. Por estilo de vida alternativo.

En el primer caso se habla de una posesión demoníaca. El riesgo más grande consiste en reducir el análisis a un solo plano y llegar a generalizaciones simplistas. Es importante que reconozcamos que somos criaturas complejas y que no todo tiene explicaciones simples. No dudo que haya casos en los cuales la persona se haya podido sanar a través de la oración y la liberación. Sin embargo, esto parece ser la excepción y no la regla.

No es conveniente atribuirlo todo a causas externas -en este caso demonios- al punto de que la persona se sienta impotente para resolver la situación. Muy pocos de los cristianos que consideran la homosexualidad como resultado de una opresión demoníaca aceptan que pueda haber otras causas y explicaciones del problema. La experiencia indica que es perfectamente posible que una persona que tenga un demonio reciba oración, el demonio sea expulsado, y a pesar de eso, la persona siga con síntomas de homosexualidad. Esto es así porque, aun cuando haya sido desalojado el demonio, permanecen las huellas emocionales del pasado. Es importante tener en cuenta esta realidad, ya que las personas tratadas con este enfoque tienden a pensar que si vuelven o continúan los impulsos y las atracciones homosexuales, es porque «no son realmente salvas», «han perdido la salvación» o «la oración no les ha servido de nada».

LA HOMOSEXUALIDAD

La segunda teoría sostiene que toda sanidad es un proceso, y así ocurre también con la homosexualidad. Las personas que continúan con dificultades después de haber recibido oración o liberación, deben considerar la posibilidad de hacer psicoterapia con un psicólogo cristiano, a fin de resolver los aspectos emocionales o psicológicos.

En la actualidad, la teoría más aceptada por quienes trabajan en la restauración de las personas con un estilo de vida homosexual, es la que compartimos anteriormente. Es decir, que por falta de identificación con el progenitor del mismo sexo, el niño o la niña no desarrolla el papel sexual que le pertenece y, al erotizar su conducta con la entrada a la pubertad, su sexualidad sufre un desvío en cuanto al objeto de sus deseos. Collins también apunta a otras causas posibles: dinámica familiar disfuncional; relaciones familiares donde existe mucha desconfianza, historias de abuso sexual o de incesto, vínculos de dominación, miedo al sexo opuesto ocasionado por experiencias traumáticas (violaciones) o el que esta persona haya aprendido a sospechar del sexo opuesto por falta de interacción entre los sexos durante la adolescencia.

La tercera posición es que puede haber una opción consciente por un estilo de vida homosexual, por «estar de moda» o porque una experiencia homosexual fortuita lleva al individuo a pensar que es homosexual. La realidad es que los que defienden esta tercera postura son en su inmensa mayoría homosexuales. ¿Hasta qué punto pueden estar justificando su posición? Creemos que la elección es justamente lo que les falta a las personas, puesto que ha habido hechos negativos que han influido sobre ellas durante su desarrollo sexual. Los homosexuales adoptan un papel femenino o masculino, dominante o dominado. Algunas personas creen que hay un insertor masculino y un receptor femenino.
Este desempeño, si bien ocurre en cierto grado, no suele ser lo típico. La mayoría de los homosexuales participan

en todas las formas de comportamiento sexual y no se limitan a uno u otro papel. Solo el 20% muestran preferencia por algún papel en particular.

Realizamos una encuesta, de la cual obtuvimos que:
_El 25% del total de los encuestados tuvieron miedo de ser homosexuales.
_Solo el 8% han sentido atracción hacia el mismo sexo en algún momento de su vida.
_El 9% de los varones han sentido atracción homosexual.
_El 7% de las mujeres han sentido atracción homosexual.

Resto de los jóvenes
Temor a ser homosexual
Atracción hacia el mismo sexo
Relaciones entre varones
Relaciones entre mujeres

Es decir, que hay muchos casos de temor, pero muy pocos de atracción, lo que implica que la homosexualidad potencial es muy baja. Esto refleja la tendencia que prima en la sociedad en general, y en la iglesia en particular, y que es de gran rechazo y temor a la homosexualidad. Los jóvenes que han tenido experiencias sexuales negativas son los que han presentado miedo a ser homosexuales. Veamos las estadísticas:

Mujeres con experiencias negativas
Mujeres sin experiencias negativas
Hombres con experiencias negativas
Hombres sin experiencias negativas

LA HOMOSEXUALIDAD

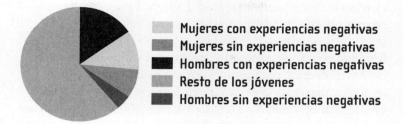

- Mujeres con experiencias negativas
- Mujeres sin experiencias negativas
- Hombres con experiencias negativas
- Resto de los jóvenes
- Hombres sin experiencias negativas

•En los casos en los cuales había antecedentes de abuso sexual, la atracción homosexual se triplicó en los varones y se duplicó en las mujeres.

•Solo cerca de un 14% de los hombres y un 38% de las mujeres tienen parejas cerradas. Algunos hombres de orientación homosexual admiten haber tenido hasta quinientos compañeros sexuales, mientras que la mayoría de las mujeres de orientación homosexual han tenido menos de diez compañeras. Por consiguiente, el ambiente homosexual se caracteriza por un alto grado de inestabilidad y promiscuidad.

Las estadísticas indican que las relaciones homosexuales tienen tendencia a no durar mucho tiempo. A mucha gente de orientación homosexual le gustan las «aventuras»; por eso prefieren muchas veces las relaciones de una sola noche y las relaciones casuales. La conducta sexual es una cuestión de elección.

Las personas de orientación homosexual generalmente descubren entre los doce o trece años o en su pubertad que no se sienten atraídas hacia los miembros del sexo opuesto de la misma manera que sus amigos o amigas. Por ese mismo tiempo, advierten que se sienten extrañamente atraídas de una manera sexual hacia las personas de su mismo sexo.

Las relaciones entre homosexuales son uno de los principales factores de contagio del SIDA. Esta enfermedad tiene una alta incidencia en Latinoamérica a causa de las relaciones homosexuales, en especial en países como México, donde se cree que dos de cada tres portadores del virus se han contagiado por esta vía. Bolivia, Chile, Colombia, Costa Rica y Perú son los países donde se encuentra el más alto nivel de infección entre los varones que tienen relaciones sexuales con varones, lo que ocurre especialmente en México. Además, en este país hay señales de que están aumentando las relaciones homosexuales. También en Colombia son cada vez más frecuentes estas relaciones. Las relaciones sexuales entre varones constituyen un factor oculto, pero poderoso, en las epidemias que sufren El Salvador, Nicaragua y Panamá.

#02
EL ABORTO
//SALVEMOS A LOS DOS//

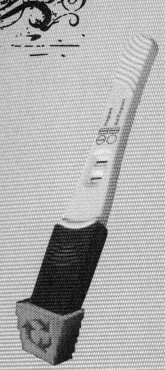

Papelera de Reciclaje

Abrir
Explorar
Vaciar la Papelera de reciclaje

Crear acceso directo

Propiedades

SEGUNDA **PLAGA**

EL ABORTO

Dios me ha encomendado la misión de lograr que la plaga del aborto sea erradicada de los que me rodean. Como pastor, tuve que vivir en carne propia una experiencia única, aprendiendo la lección de que debo tener unas prioridades definitivas en mi vida.

Hace algunos años, la iglesia que pastoreo vivió una visitación especial de Dios. Las reuniones no tenían un orden establecido, ya que en momentos la mayoría de la iglesia caía bajo el Espíritu, y entre llantos y «borracheras espirituales», la gente se entregaba a Jesús.

En ese entonces, tenía como mano derecha a un joven de veinte años, con el cual compartíamos el derramamiento del Espíritu Santo y cada visitación de Dios. Pasábamos horas juntos, mientras él esperaba la mujer que Dios le estaba preparando. Un día, la «media naranja» apareció, y realmente fue una alegría enorme, porque ella era líder de mi iglesia. Oré por ellos públicamente y todo hacía presagiar que formarían una pareja modelo.

Faltando pocos meses para el casamiento, vinieron los dos a decirme que ella estaba embarazada. Fue un golpe difícil de asimilar, porque ellos estaban avergonzados y confundidos, y totalmente arrepentidos. Teníamos que decidir si ese hijo sería la marca de una maldición, o entenderíamos definitivamente que Dios lo amaba como a los otros bebés. Orando a Dios, y con lágrimas en los ojos, le di la bienvenida al bebé como pastor, y le prometí que lo iba a proteger como Dios lo iba a hacer durante toda su vida.

¿Qué hubiera hecho Jesús? Me recordé el siguiente versículo *«El que recibe en mi nombre a uno de estos niños, me recibe a mí; y el que me recibe a mí, no me recibe a mí sino al que me envió» (Marcos 9:37).*

De algo estoy seguro: la plaga del aborto no debe entrar en nuestras iglesias, casas o sociedad, porque muchos de nosotros empujemos a nuestros jóvenes a hacerlo por miedo al «qué dirán».

Todavía hoy sigo pagando el precio de aquella decisión, pero cada vez que tengo la niña en mis brazos y sus padres conmigo, vuelvo a repetir: «¡Vale la pena elegir la vida!»

¡DE LAS SOMBRAS A LA LUZ!

Unas de las historias más emocionantes de mi vida tiene que ver con una chica llamada Gabriela. Léela con atención y deja que Dios te hable por medio de la historia de esta vida, que tal vez se parezca mucho a la tuya.

«Hola. Me llamo Gabriela y quisiera compartir contigo lo que Dios hizo en mi vida. De chica, mi padre era drogadicto y mi madre depresiva. Él nos encerraba en la casa y se iba; no quería que saliéramos a ningún lado. Sus actitudes eran muy violentas. En los tiempos de "racia"(redada policíaca en busca de traficantes), nos obligaba a comprar droga para consumirla él. Mamá no tenía carácter ante las actitudes de él; la relación entre ellos era muy mala. Ella trabajaba por horas; por eso casi no estaba en casa. Entonces yo tenía que encargarme de mis hermanos. La situación familiar era desbordante. Recuerdo que una mujer le predicó a mamá y a partir de ahí comenzamos a ir a la iglesia, pero mi padre no quería saber nada de aquello; no creía. En la iglesia a la que asistíamos eran habituales las reuniones de ayuno y oración en horas de la madrugada. Nosotras nos íbamos con mi mamá para orar por él, pero sus actitudes seguían siendo las mismas.

»Mi infancia y mi adolescencia comenzaron a ser marcadas por todo el trasfondo de la familia, la violencia, las drogas, el alcohol y demás. Crecí rodeada de estas cosas, pensando que "así era una familia", que "todo era normal", así que no tendría por qué asustarme de lo que podría llegar a vivir "afuera".

»A mis quince años conocí a un chico. Era drogadicto y su familia vendía droga. Comencé a salir con él, y al mismo tiempo me alejaba de Dios. A mi manera, porque en realidad creo que nunca estuve cerca de él.

»Me sentía tan enojada con mi familia, sobre todo con mi padre, que deseaba hacerle sentir a él todo lo que me había hecho. Intenté irme de la casa; estuve todo un día dando vueltas hasta que me encontraron.

»En el ínterin, mi mamá escuchó por la radio una predicación del Pastor Ale Gómez.

Esa misma semana fue a una librería cristiana donde escuchó su voz, lo reconoció, y se acercó a él. Allí mismo comenzó a contarle sobre mi vida. A partir de ese momento, comencé a ir a su iglesia, pero mi vida no estaba comprometida con Dios, sino que todo era "una pantalla". Iba a la iglesia a cambio de que mi mamá me dejara salir a bailar o a cualquier otro lugar. Me iba de mi casa y no volvía en el día. Intenté suicidarme una y otra vez. Es que en realidad yo no veía la solución; por eso pensaba en lo peor: quitarme la vida. Creía que esa era la manera más adecuada de cortar con todo mi dolor.

»Finalmente, no pude. Dios tenía un plan para mi vida. *"En Cristo también fuimos hechos herederos, pues fuimos predestinados según el plan*

«MI INFANCIA Y MI ADOLESCENCIA COMENZARON A SER MARCADAS POR TODO EL TRASFONDO DE LA FAMILIA, LA VIOLENCIA, LAS DROGAS, EL ALCOHOL Y DEMÁS. CRECÍ RODEADA DE ESTAS COSAS, PENSANDO QUE ‹ASÍ ERA UNA FAMILIA›

de aquel que hace todas las cosas conforme al designio de su voluntad" (Efesios 1:11).

»Por todas mis actitudes, mi padre decidió hacerme una denuncia, y pedir la intervención de un juez de menores. Mi abuela logró interceder para que esto no ocurriera y terminé viviendo en su casa.

»Yo seguía yendo a la iglesia, pero mi vida era un desastre. Comencé a drogarme; mi suegra me pagaba por preparar la droga. No dejaba de consumir; probaba de todo: marihuana, pastillas, lo que fuera. Me juntaba con amigos que hacían lo mismo, y a raíz de eso asistía a lugares muy feos; boliches donde se hacían juegos sexuales y de cualquier tipo. Era una perversión constante; ¡un asco! Pero lo hacía. Estaba rodeada de todo eso, y no sabía cómo salir.

»A los dieciocho años comencé a mantener relaciones con otros hombres y paralelamente continuaba con mi novio.

Yo no me cuidaba; me hacía mucho daño. Pero de todas formas, me gustaba sentirme "sexy". Me gustaba caminar por la calle y que los hombres se dieran vuelta para mirarme. Yo sabía cómo provocarlos, y lo hacía. Eso me hacia sentir mujer; era lo único que me ponía bien.

"Al poco tiempo quedé embarazada de mi novio. Yo quería tener al bebé, pero sabía que la vida de mi novio era un desastre; mucho peor que la mía, y me aterrorizaba. No podíamos tener un bebé y continuar con nuestra rutina de vida. Yo quería que él cambiara, y así hacer que las cosas fueran diferentes. Entonces pude hablarle, proponerle que cambiara de actitud para así juntos poder formar una familia y tener a nuestro hijito. Él me prometió un cambio, pero al cabo del tiempo, no se producía cambio alguno, con excepción de mi vientre que iba creciendo y se comenzaba ya a notar el bebé. ¿Qué le podría dar yo? ¿Cómo iba a crecer? ¿Cuál sería su futuro? ¿El mismo que el de sus padres? Yo sabia que no podía continuar con eso sola. Ya no quería que el bebé estuviera en mi vientre. Entonces una compañera del colegio me comentó que, poniéndome unas pastillas en la zona vaginal, me podría provocar un aborto. Yo lo hice; ella me ayudo a colocarme las pastillas. Creo que en ese momento no lo dudé. Al cabo de unas horas, mi cuerpo comenzó a sufrir las consecuencias. Los dolores eran muy fuertes. Me retorcía en la cama. La sensación era inexplicable. Tuve una hemorragia muy grande, hasta que el feto de tres meses pudo salir de mi cuerpo. Lo vi, lo observé y sentí alivio, pero por dentro estaba muy triste. Aquello había ocurrido porque mi novio no quería cambiar; no le importaba nada.

»Mi vida estaba cada vez peor. Iba a lugares donde me tiraban las cartas, iba a brujas, hasta que comencé a no poder dormir, a ver sombras, a tener sensaciones feas. Amanecía rasguñada; estaba totalmente fuera de mí. Necesitaba una salida. Necesitaba un cambio. Estaba totalmente destruida. En menos de tres años llegué a hacerme cinco abortos. Cada vez que lo hacía, sentía más odio; más dolor. Mi vida no tenía sentido si no mantenía relaciones sexuales con alguien. No me sentía amada por nadie. El tema de los abortos ya era normal para mí, a tal punto que negociaba con mis amigas. A cambio de hacerles los abortos a ellas, les pedía pastillas para mí.

»Todo esto me pasaba, y yo seguía yendo a la iglesia... pero no podía abrir mi corazón. No podía contar todo lo que hacía, porque me sentía la peor persona de la tierra. Hasta que por fin, el amor de Dios tocó mi corazón y pude hablar con una líder de jóvenes. Compartí con ella todo lo que vivía y lo que me pasaba. Sabía que tenía que renunciar a mi pasado, a lo que había hecho, al sexo, al aborto, pero era muy difícil para mí. Sin embargo, lo hice, o mejor dicho, creí hacerlo. A estas alturas, mi padre había comenzado a cambiar. Había dejado de drogarse. Había conseguido un trabajo. Mi madre seguía igual. Iba a la iglesia, pero no le había entregado su vida a Dios. Mi hermana comenzó a drogarse y fumaba mucho. Las dos sufrimos las consecuencias de una familia destruida. Ella había vivido y visto todo lo que yo había hecho, y siguió por el mismo camino.

»Recuerdo que a los diez años vi a mi madre recostada en su cama con dolores, en posición inclinada. Había otra mujer con ella. Al cabo del tiempo, me di cuenta de que no se había tratado de un simple malestar estomacal, sino que se había hecho un aborto. ¿Habrá tenido algo que ver en mi vida lo que vi? La relación con mi novio era cada vez más enfermiza. Su estado mental era tal, que llegó a cortarse las venas y pintar las paredes con sangre. Me pegaba y me maltrataba. En medio de los abortos que me hacía, él aún quería seguir teniendo relaciones sexuales conmigo. Realmente, estábamos muy enfermos. A pesar de creer que había renunciado supuestamente a mi vida anterior, yo no me sentía conforme conmigo misma. Seguía con un vacío en mi interior.

En ningún momento dejé de ir a la iglesia; era como que tenía una vida paralela, porque no dejaba de dañarme.

Al poco tiempo se organizó un campamento de jóvenes, y tome la decisión de ir. Ya había llegado el momento del verdadero cambio y del encuentro con Dios. Así que fui con todas las expectativas de un cambio; de una nueva etapa, pero me agarró una crisis tan grande debido a la abstinencia, que quería escaparme, huir, salir corriendo para buscar un cigarrillo o algo que apagara mi ansiedad. ¡Rogaba que me dejaran salir! La última noche de aquel campamento, Dios tocó una vez más mi corazón, pero esta vez fue diferente. Era el principio del verdadero cambio. Estaba convencida de que Dios podía hacer todas las cosas nuevas. Tomé la decisión de dejar a mi novio. Yo tenía una atadura muy grande con él; creía que mi vida giraba a su alrededor y que si lo dejaba no podría soportarlo. Esas eran las cosas que el diablo ponía en mi cabeza para que siguiera atada, y para evitar que el verdadero poder de Dios se manifestara en mi vida.

»Al tiempo de haber terminado la relación con mi novio, me di cuenta de que todo era posible si se iba de la mano de Dios. Él había comenzado a cambiar mi vida, y me sentía realmente amada por la gente.

En ese tiempo comencé a involucrarme en las actividades de la iglesia. Iba con un grupo de jóvenes para darle de comer a la gente, y visitaba travestís a fin de predicarles acerca del verdadero amor, el de Dios.

»Hoy puedo decirte que todo el cambio en mi vida fue posible gracias al poder de Dios. Costó, y mucho, pero vale la pena. Él me hace sentir amada y respetada. Sé que me dañé mucho, pero Jesús es quien reconstruye todo nuestro pasado para que nuestro presente sea diferente, siempre y cuando estemos aferrados a su mano. *"Bendito sea el Señor, Dios de Israel, porque ha venido a redimir a su pueblo. Nos envió un poderoso salvador"* (Lucas 1:68-69).»

EL ABORTO

¿Has visto con tus propios ojos un milagro alguna vez? ¿Por un segundo te has detenido a mirar los ojos de los testigos del milagro, como si alguna luz divina comenzara a enfocar sus rostros y a reflejar la fe y la confianza que un milagro provoca? Puedes estar seguro de que comienzan a desparramar la noticia por todas partes, sin importarles los demás, y todo lo que tratan de hacer es contarles a todos este regalo de Dios. Pero la persona que recibió el milagro, la que fue tocada por Dios, la que vivió el milagro, quedará marcada para toda la vida con ese «tatuaje de Dios», y cada vez que se mire al espejo, el milagro le recordara que Dios esta vivo.

¿Habrá acaso en toda la tierra un milagro más grande que engendrar la vida misma? ¿Habrá algo más maravilloso que luego de nueve meses

> **«HOY PUEDO DECIRTE QUE TODO EL CAMBIO EN MI VIDA FUE POSIBLE GRACIAS AL PODER DE DIOS. COSTÓ, Y MUCHO, PERO VALE LA PENA. ÉL ME HACE SENTIR AMADA Y RESPETADA».**

de suspenso, esperanza y amor, tener un bebé en tu pecho durante unos minutos? ¡Definitivamente, no! Ese milagro es el regalo más hermoso que Dios le puede dar a una mujer. El misterio más increíble es el desarrollo del cuerpo humano y de la vida en manos de Dios. Él nos ha dicho en Jeremías 1:5 que nos conoce desde antes de la fundación del mundo. Por lo tanto, la existencia de una persona fue pensada por Dios aun antes que sus padres se conocieran. Gabriela es una joven que solo pensó en ella misma. Creyó que nada ni nadie serían lastimados, porque «todavía era un feto», o porque ni siquiera le interesaba la muerte de nadie. Solo pensaba en ella misma.

¿HAY EMBARAZOS LEGALES E ILEGALES?

La sociedad y las familias son las que empujan generalmente al aborto. «Estoy embarazada; ¿qué hago?» Lo que una adolescente o joven vive en ese momento es como si una tormenta de piedras cayera sobre su vida, o una especie de Armagedón le estuviera ocurriendo. Se queda sola, generalmente porque fue un embarazo no deseado. Tal vez esto se deba a que el origen de este bebé no fue el amor, sino la satisfacción sexual egoísta, sin importar las consecuencias, porque estaban «acaloradamente apasionados».

Claro; en este momento no hay vuelta atrás y nadie comprende lo que ella está viviendo. Los padres solo sienten vergüenza y harían «cualquier cosa» por no sentirlo más (esto es lo que genera muchos abortos). El hombre solo siente culpa, pero al final de cuentas, la opinión de la sociedad es que «ella se tendría que haber cuidado». En otras palabras, la culpable es ella.

La gente de las iglesias, como lo ha hecho desde los tiempos de Jesucristo, tal vez se reunirá a tomar las piedras que se utilizarán para enterrar a la «mujerzuela», repitiendo así la historia del capítulo 8 de Juan: *«Los maestros de la ley y los fariseos llevaron entonces a una mujer sorprendida en adulterio, y poniéndola en medio del grupo le dijeron a Jesús: —Maestro, a esta mujer se le ha sorprendido en el acto mismo de adulterio. En la ley Moisés nos ordenó apedrear a tales mujeres. ¿Tú qué dices?... Jesús se incorporó y les dijo: —Aquel de ustedes que esté libre de pecado, que tire la primera piedra... Al oír esto, se fueron retirando uno tras otro, comenzando por los más viejos, hasta dejar a Jesús solo con la mujer, que aún seguía allí. Entonces él se incorporó y le preguntó:—Mujer, ¿donde están? ¿ya nadie te condena? —Nadie, Señor. —Tampoco yo te condeno. Ahora vete y no vuelvas a pecar».* Jesús examino a todos y cada uno de los líderes y los halló tan culpables como aquella mujer, pero a ellos no los habían descubierto. No encubrió el pecado de la mujer; solo le hizo saber que él sería su refugio para la nueva oportunidad que Dios le daba para que viviera de una manera diferente, con amor y reconocimiento de sus errores.

Las iglesias y los pastores, en su mayoría, castigan con mucha crudeza a aquellos que caen en un pecado que a los nueve meses tendrá nombre y apellido. Sin embargo, no hay un solo registro bíblico sobre esta actitud, aunque sí hay muchas evidencias bíblicas sobre la murmuración, la mentira, el adulterio y cosas así.

Claro, tal vez no hayan quebrantado el undécimo mandamiento, que dice: «No te dejarás descubrir». Parece que decir la verdad trae un castigo mayor, aunque aquellos que son «ministros hábiles de la mentira» y se esconden tras las cortinas del silencio, ocultan pecados tan graves como este, o más.

Iglesia: miles de jóvenes y adolescentes están buscando que alguien las escuche y llore con ellas para que no aborten.

EL ABORTO

CARA A CARA

Déjame mirarte a los ojos y tal vez secar tus lágrimas, porque habrías querido que ese embarazo ocurriera de otra manera y estás convencida de que no es este el momento oportuno.
«Tal vez si no estuviera embarazada sería mejor...»
Pero sabes que Dios eligió a ese bebé para que se formara en tu vientre. Dios le dijo a ese bebé que su mamá lo iba a querer y a cuidar, como él lo habría hecho. En todo caso, este sería tu segundo y terrible error: no cuidar de ese hermoso regalo de Dios.
Jeremías 1:5 dice: «Antes de formarte en el vientre, ya te había elegido; antes de que nacieras, ya te había apartado...» Dios lo conoció antes que tú y lo envió para que lo mimases con todo el amor de una madre. Así lo hizo contigo tu propia madre, que fue valiente y se atrevió a protegerte, criarte y darte toda su vida. Su propósito era ver a su pequeña crecer y llegar a enfrentar la vida con decisión y amor y, sobre todo, tomada de la mano de Dios en los momentos difíciles de la vida. «Aunque ande en valle de sombra no temeré porque tu estarás conmigo.»
Dios promete acompañarte en esta decisión, la mejor de todas tus decisiones. En tu vientre hay un niño que te está gritando: «¡Muchas gracias, mamá!»

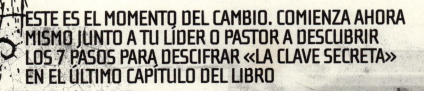
ESTE ES EL MOMENTO DEL CAMBIO. COMIENZA AHORA MISMO JUNTO A TU LÍDER O PASTOR A DESCUBRIR LOS 7 PASOS PARA DESCIFRAR «LA CLAVE SECRETA» EN EL ÚLTIMO CAPÍTULO DEL LIBRO

41

PREGUNTAS DE ALTO VOLTAGE

1// La presión se ha hecho insoportable. ¿No es más fácil abortar que enfrentar la vida con un bebé a cuestas?

2// ¿Acaso no sería mejor para el bebé, ya que el papá no lo quiere?

3// ¿El feto sufre, o todavía no tiene conciencia?

1// Esta pregunta no es fácil. Me la han hecho, y yo he respondido con la verdad. La presión es casi insoportable, y un aborto te sacará de encima la presión de la familia. Eso es cierto. (Y en muchos casos, tendríamos que añadir la presión de los líderes de la iglesia.) Sin embargo, debo decirte que ni tu familia, ni tus pastores, ni nadie, van a poderte quitar de encima durante toda la vida el que te sientas una criminal. Soñarás con aquel hijo que mataste, y cada hijo que tengas te recordará que habrías tenido uno más. Esa es la cruel realidad... Todavía hoy, después de varios años, decenas de mujeres que le han pedido perdón a Dios en innumerables ocasiones, se siguen arrepintiendo de llevar encima la marca del aborto. Te aseguro que es insoportable y difícil de llevar. Sin embargo, las que han tomado la decisión de dar a luz su bebé, realmente aman más a su hijo porque les ha costado mucho dolor tenerlo.

2// La muerte nunca será la mejor opción para tu bebé. Dios le ha planificado una vida maravillosa, y si el papá no quiere ser su padre legal, el hijo sí lo es, porque Dios lo eligió así. Mamá, no lo dejes morir, como lo habría hecho el que lo engendró. Esto es algo entre tu bebé y tú.

3// Se considera que un bebé tiene vida desde el mismo momento de ser engendrado; desde que el espermatozoide que gana la carrera, entra en el óvulo. Ese es el momento de vida. No creas las mentiras de los médicos abortistas, que dicen que hasta un cierto tiempo el bebé no está formado. Muchas mujeres se han dado cuenta de su crimen años después, y no encuentran consuelo.

PARA SEGUIR MINISTRÁNDOTE, EL EQUIPO DE JESUS WARRIORS PONE A TU DISPOSICIÓN UN E-MAIL PARA COMUNICARTE CON NOSOTROS (CYBER10@JESUSWARRIORS.NET). ASÍ LES PODRÁS ESCRIBIR A LOS JÓVENES CON LOS CUALES TE SIENTES IDENTIFICADO, Y SABER QUE HAY ALGUIEN MÁS QUE HA ESTADO EN TU SITUACIÓN Y QUE VA A ESCUCHARTE, ENTENDERTE Y ENVIARTE UN MENSAJE DE PARTE DE DIOS.

EL ABORTO

especialistas al rescate

El dolor por un aborto precede y supera al momento mismo de ese acto. El aborto podría significar la liberación repentina de un embarazo no deseado; pero también es sinónimo de sufrimiento y de injusticia contra ese ser que es matado sin que se pueda defender. Los abortos complicados corresponden casi en su totalidad a los sectores pobres de la población. Ya de por sí, cuando pensamos en el aborto de una manera abstracta y ajena, nos desagrada. Pero cuando adquiere un rostro conocido, nos hiere hasta lo más hondo del alma. ¿Y si fuera nuestra esposa, nuestra hija o nuestra nieta la que abortara, la que quedara estéril por un aborto o muriera por las complicaciones?

Los especialistas coinciden en que más allá de toda discusión, el aborto encarna un grave conflicto de valores y de sentimientos. Pero la muerte no es la única complicación: se producen graves infecciones, hemorragias, problemas ginecológicos, infertilidad, daños a órganos como la vejiga o los intestinos. Y todo esto, sin mencionar siquiera los traumas emocionales que conlleva, ya que desde el punto de vista psicológico, todo aborto implica una pérdida y una culpa por resolver. Una y otra vez, los estudios realizados confirman que entre el 30 y el 40% de las camas públicas de ginecología están ocupadas por casos de abortos complicados. En algunos países, el 50% del presupuesto de maternidad se gasta en las complicaciones posteriores al aborto.Uno de los países más genocidas de Latinoamérica es Uruguay, con repercusiones morales y espirituales terribles, dado que lamentablemente, allí la vida ya no se considera como un valor inalienable.

Todas las religiones juntas (católica romana, protestante y otras), sumadas a la acción punitiva del Estado, no han logrado hacer que disminuya la cifra de abortos. Se calcula que en Argentina se producen anualmente entre 300,000 y 500,000.

La situación socioeconómica condiciona el ejercicio de los derechos sexuales y reproductivos en los adolescentes. Ser madre o padre para un adolescente es algo que suele iniciar una cadena de problemas, como el abandono de los estudios o la pérdida de vivencias propias. Una de las causas más importantes en los embarazos de los adolescentes es la falta de información adecuada sobre la sexualidad. Solo el 32% de los adolescentes conocen al menos cuatro métodos anticonceptivos. Este porcentaje se eleva al 61% entre los adolescentes de clase media.

Este panorama se dificulta cuando el embarazo no es planificado. Una de cada tres muertes de madres adolescentes se debe a un embarazo que termina en un aborto. ¿Por qué las mujeres siguen abortando? No podemos llegar a una respuesta simple. Pero con independencia de la causa, siempre coexiste con el hecho un profundo conflicto de valores y emociones. ¿Por qué no hablamos acerca del aborto, la homosexualidad, la infidelidad o las enfermedades venéreas (las transmitidas por el contacto sexual)? ¿Acaso no son problemas demasiado comunes? ¿Estás seguro de que nada de ello tocará a algún ser amado? Y aunque fuera así, es decir, que todos los cristianos estuviéramos libres de estos problemas, el dolor ajeno ¿no nos impulsaría a mostrarles un camino más excelente? ¿Por qué hemos permitido que la doble moral (no se habla, pero se hace) influya tanto en nuestro pueblo cristiano? ¿Acaso el hecho de traer las cosas a la luz no disipa la oscuridad?

Los embarazos de adolescentes, el aumento en el número de divorcios, los abortos por cientos de miles, ¿no nos

EL ABORTO

hablan de la necesidad de una docencia cristiana? Esa docencia sería una educación sexual con valores cristianos, con el fin de enseñar a tomar las mejores decisiones. Quizás pienses que ese problema no existe en tu iglesia. ¿Estás seguro? Las estadísticas obtenidas dentro del ámbito cristiano señalan lo siguiente:

-Del total de jóvenes entre doce y treinta años que tuvieron experiencias sexuales, se registró una tasa de embarazos del 39%. Solo el 72% de estos llegó a término, mientras que un 28% optó por el aborto.
Si queremos cambiar un destino fatalista por unos amaneceres con esperanza, lo único que nos queda es educar en este aspecto para presentar lo que es una vida plena. ¿Sabías que muchas herramientas para la educación sexual son valores cristianos? El nuevo «pacto de exclusividad sexual» es nuestra antigua «fidelidad»; el derecho a «no tener práctica sexual alguna» es la olvidada «castidad». Esto ha surgido en movimientos seculares que nada tienen que ver con lo cristiano, pero que levantan la bandera de la fidelidad y la castidad que nosotros deberíamos vivir y enseñar a toda la sociedad como una alternativa de liberación y bendición sobre las vidas y las familias.

El gran problema es que existe una comunicación escasa entre padres e hijos acerca de asuntos importantes o relevantes desde la perspectiva del joven.

De cada diez jóvenes, siete manifiestan una comunicación parcial, escasa o nula acerca de los asuntos relevantes para su vida.

De cada diez jóvenes, solo tres expresan una comunicación frecuente con sus padres que tiene que ver con temas importantes.

¿TUS PADRES TE ENSEÑARON SOBRE SEXO?

Nada (36%)
Poco (44%)
Mucho (20%)

Para concluir, la familia y la iglesia han transferido a los amigos, los vecinos y los medios de comunicación la responsabilidad de formar y educar a los jóvenes. Los medios de comunicación se han convertido en mentores y formadores de la conducta en general, incluida la sexual.
El 92% de los jóvenes encuestados manifestó el deseo de que la iglesia y la familia aborden el tema sexual.
Es verdad que muchos padres se sienten incompetentes para tocar este tema, pero verdad también es que la conducta de muchos padres está gobernada por el viejo y dañino tabú que dice: «¡De sexo, aquí no se habla!»

- En materia sexual, la comunicación es menor con el padre que con la madre.

- Los jóvenes con experiencias sexuales negativas en la niñez tienen menor comunicación con sus padres acerca de cosas importantes, en comparación con el resto de los jóvenes.

- Solo el 22% de los jóvenes con experiencias negativas sexuales habla frecuentemente con sus padres, en comparación con el 31% del resto; y el 23% de los jóvenes con antecedentes de abuso sexual nunca habla, en relación con el 17 % del resto de los jóvenes.

EL ABORTO

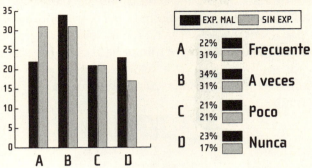

Como lo indica el cuadro que aparece a continuación, los jóvenes suelen tener poca comunicación con sus padres. Ahora bien, los que han sufrido alguna experiencia sexual negativa en la niñez son los que tienen menos comunicación con respecto a cosas importantes, entre ellas la vida sexual, en comparación con los otros jóvenes que no tuvieron experiencias negativas.

Grado de comunicación sobre el sexo		Con el padre	Con la madre
Frecuente	Jóvenes con experiencias negativas en la niñez	4 %	11 %
	Jóvenes sin experiencias negativas en la niñez	5 %	16 %
A veces	Jóvenes con experiencias negativas en la niñez	14 %	21 %
	Jóvenes sin experiencias negativas en la niñez	18 %	22 %
Poco	Jóvenes con experiencias negativas en la niñez	15 %	21 %
	Jóvenes sin experiencias negativas en la niñez	19 %	20 %
Nunca	Jóvenes con experiencias negativas en la niñez	67 %	47 %
	Jóvenes sin experiencias negativas en la niñez	58 %	41 %

- De cada diez jóvenes, solo uno habla frecuentemente con su madre acerca del tema de la vida sexual.
- De cada veinte jóvenes, solo uno habla frecuentemente con su padre acerca del tema de la vida sexual.
- De cada diez jóvenes, siete nunca hablan de este tema con su padre.
- De cada diez jóvenes, cinco nunca hablan de este tema con su madre.

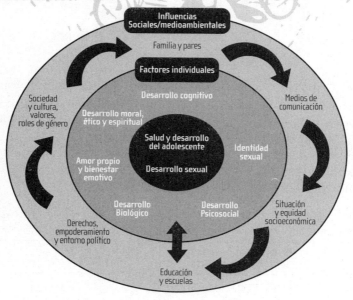

PORCENTAJE DE NACIMIENTOS DE ADOLESCENTES NO PLANEADOS

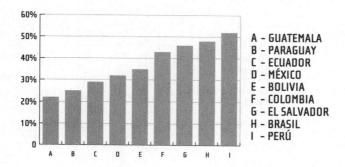

A - GUATEMALA
B - PARAGUAY
C - ECUADOR
D - MÉXICO
E - BOLIVIA
F - COLOMBIA
G - EL SALVADOR
H - BRASIL
I - PERÚ

EL ABORTO

ESTADÍSTICAS IMPORTANTES SOBRE LA SEXUALIDAD DE LOS JÓVENES EN LATINOAMÉRICA

Los jóvenes son sexualmente activos, y a una edad temprana

Aproximadamente un 50% de los adolescentes menores de 17 años de la Región Latinoamericana, son sexualmente activos.

Entre 53% y 71% de las mujeres en la región tuvieron relaciones sexuales antes de los 20 años.

El promedio de edad del primer coito es de aproximadamente 15-16 años para las jóvenes en muchos países de América Latina y el Caribe; para los varones el promedio es aproximadamente 14-15 años.

Los jóvenes en ciertos países del Caribe inician la actividad sexual en una edad tan temprana como los 10 y 12 años.

Un número significativo de adolescentes mujeres están casadas o en unión. Entre el 18% (Perú), 38% (El Salvador) y 34% (Trinidad y Tobago) de las adolescentes están casadas a los 18 años.

La mayoría de las relaciones sexuales entre las mujeres jóvenes se producen dentro del matrimonio.

Consecuencias negativas de la salud reproductiva

Las mujeres jóvenes se embarazan.

Entre el 35% y el 52% de los embarazos adolescentes en la Región no fueron planificados.

Como promedio, el 38% de las mujeres se quedan embarazadas antes de los 20 años.

En la mayoría de los países de América Latina, entre el 15% y el 25% de todos los recién nacidos eran hijos de adolescentes.

Las mujeres jóvenes están abortando y son víctimas de mortalidad materna

La mortalidad materna sigue siendo una de las causas principales de muerte entre las adolescentes.

En Chile y Argentina, donde el aborto está prohibido, más de la tercera parte de las muertes de madres adolescentes son consecuencia directa de prácticas de aborto.

Entre 21% y 30% de los embarazos en México, Colombia, Brasil, República Dominicana, Chile y Perú terminan en aborto.

49

TERCERA **PLAGA**

LAS DROGAS
//MI AMANTE BLANCA//

#03

LAS DROGAS

¿Por qué a pesar que lleva a la muerte y arruina la vida, miles de jóvenes la aman?

¿Por qué robarles a los padres y a los amigos, con tal de estar con ella?

¿Por qué la siguen amando, si cuando ella se va, la tristeza y el dolor son mayores aún?

Estas preguntas me las he estado haciendo toda mi vida mientras voy caminando y veo a miles de personas de mi generación esclavas de esa perversa que no sabe de honestidad, ni de valores.

Cuando llega a tu familia, no le importa sexo ni edad. Solo busca otro amor para darle su sutil elixir «de la vida» y hacerlo caer en una espiral sin fin. Para darles muerte a las palabras, a las familias y hasta a los verdaderos amores, porque te quedas sin palabras, y el mundo se resume solo a querer estar otra vez con ella. A cualquier precio y sin importar las consecuencias. Algunas veces hasta has prestado tu cuerpo a cambio del dinero, con tal de volver a tenerla contigo.

Como has pensado una y mil veces: «¡No me importa nada; solo quiero estar con ella una vez más!»

Parece un cuento pero no lo es. Parece una novela de la tarde con un final feliz, pero estás equivocado: es la realidad de miles que darían cualquier cosa por estar con la droga una vez más. Para poder ayudar a alguien, debes conocer sus pensamientos y su corazón. Tienes que vivir lo que ellos viven, y junto a ellos, descubrir el milagro de la vida. Te invito a conocer la vida de dos amigos míos que tuvieron que vivir este «romance doloroso» y pudieron encontrase con la verdadera vida cuando conocieron cara a cara a un carpintero que restauró sus corazones y llenó el vacío que nada ni nadie había podido llenar antes en esos corazones.

MARTÍN

»Todo empezó como un juego, a fines de la década del setenta. Tenía doce años; estaba terminando la primaria y estaba a punto de descubrir nuevas sensaciones. Los mayores me decían qué cosas eran buenas y qué cosas eran malas, pero yo quería descubrirlas por mi cuenta; conocerlas personalmente.

»Así fue cómo el cigarrillo, las botellitas de anís y las trasnochadas del verano fueron llevando mi vida en búsqueda de nuevas experiencias.

Luego llegó la marihuana, que como toda droga, al principio parece inofensiva. Con mis amigos nos divertíamos mucho. Nos sentíamos diferentes; más en aquellos tiempos cuando muy pocos hablaban de droga, pero al cabo de un tiempo nos empezó a aburrir; a cansar. Era "siempre lo mismo".

»Unos años más tarde ocurrió un hecho que marcó para mal mi vida y la de otros. Un conocido robó un laboratorio de medicamentos y se trajo para el barrio unos cuantos kilos de anfetamina de máxima pureza. Era justo lo peor que nos habría podido pasar. Cansados del porro, apareció la anfeta, que como era pura, de la única manera que podíamos consumirla era inyectándola, lo que producía un efecto fulminante.

»Aquello era totalmente nuevo para nosotros; no existía en nuestro ambiente ninguna experiencia anterior. Solo sabíamos las noticias que llegaban de afuera y creíamos que todas eran mentiras. Como esta droga duró largo tiempo en el barrio sin que supiéramos las consecuencias, muchos quedaron con problemas neuronales, algunos murieron, otros desaparecieron y otros quedamos pegados a un vicio que no podíamos reemplazar con nada.

»Un día se acabo y yo busqué como loco otras drogas que pudieran reemplazar ese efecto. Probé opio, morfina, pastillas, y lo más parecido que encontré fue inyectarme cocaína, pero en dosis muy altas. Esto me llevó a la ruina económica, física y emocional. Ya no tenía amigos y mi familia no entendía nada.

»En un momento muy malo de mi adicción, un compañero de trabajo me empezó a hablar de Jesús y de la iglesia. Yo no entendía nada, pero ya no quería estar más en aquellas condiciones, así que un día, sin pensar lo que hacía, le dije a mi novia que me acompañara. Ella me pregunto a dónde, y yo le respondí: "No sé; acompáñame". Ese mismo día, Dios me hizo libre, abrió mi mente y comencé a entender muchas cosas. Empecé a congregarme en una iglesia, tuve nuevos amigos, conseguí un buen trabajo, al cabo de un tiempo me case, nació nuestro hijo, y todo era felicidad y armonía.

»Pero fue pasando el tiempo y como dice un refrán cristiano, "si al diablo le das la punta de un ovillo de lana, te teje un abrigo". Así me pasó. Me fui enfriando, empecé a fallar en la asistencia a los servicios, dejé de juntarme con

«EN UN MOMENTO MUY MALO DE MI ADICCIÓN, UN COMPAÑERO DE TRABAJO ME EMPEZÓ A HABLAR DE JESÚS Y DE LA IGLESIA. YO NO ENTENDÍA NADA, PERO YA NO QUERÍA ESTAR MÁS EN AQUELLAS CONDICIONES».

los hermanos y me metí de lleno al trabajo. Tenía cada vez más y le dedicaba todo el tiempo, así que terminé por apartarme de Dios después de cinco años. Vivía tranquilo. Tenía dinero, casa, auto, me iba de vacaciones; estuve bien durante un año, sin muchos sobresaltos.

»Sin darme cuenta; sin saber cómo, un día empecé a tomar una a dos cervezas. Al cabo de un tiempo, ya tomaba entre seis y siete. De ahí pasé a fumar canabis de vez en cuando; ya empezaba a verme mal y para levantarme, me daba unos pases de coca. Al final ya me estaba volviendo a inyectar. Un horror. Fueron los peores momentos de mi existencia. Ya no era lo mismo; la droga no causaba un buen efecto en mí, estaba agresivo, peleaba con mi esposa y lo único que me calmaba era la soledad. Y así fue: me quedé solo. No encontraba satisfacción con nada. Lo perdí todo: mi familia, el negocio, los amigos.

Estaba mal en todos los sentidos, sin bañarme ni afeitarme. No podía estirar los brazos por el dolor de las inyecciones. Un día terminé escondido dentro de un tanque de agua que estaba vacío en la terraza de mi casa, con mi droga y mis jeringuillas. No sé cuánto tiempo estuve allí, pero mientras tanto, mi mujer me estuvo buscando junto con mis amigos y hermanos. Cuando recobre el conocimiento, después de algunas sobredosis que, gracias a Dios, no terminaron conmigo, ya sin ninguna droga para consumir, salí de aquel lugar, totalmente destruido y me encontré con una realidad espantosa. Bajé a mi casa y ahí estaban todos los que me querían, mirándome. Me metí en la alcoba, me arrodillé y oré: "Señor, si de verdad existes, sácame de esta, porque yo no puedo".

»A partir de ese momento todo cambió. Se empezaron a dar una serie de circunstancias que me empezaron a hacer bien. Al día siguiente, mi mujer me consiguió por intermedio de otra persona un hogar de rehabilitación cristiano. Era la víspera de Navidad y nadie hacía tramites en un día así, pero a mí sí me los hicieron, y al día siguiente, el 25 de diciembre, tuve la sensación de que, así como la ballena vomitó a Jonás en la playa, ellos me vomitaron a mi del auto en un lugar en medio del campo, gracias a Dios.

»Pasé casi un año internado. Sucedieron muchas cosas, buenas y malas, pero lo fundamental fue que pude conocer de una manera personal y muy intima al Señor. Esto cambió mi vida y la vida de mi familia.

»Ya llevo unos doce años recuperado de las drogas, junto a mi esposa y nuestros dos hijos, tratando por la gracia del Señor de ayudar a los que están pasando por esta enfermedad y siguiendo a Aquel que es real».

FACUNDO

«El 27 de diciembre es el día de mi cumpleaños, y paradójicamente, es también el día que me comencé a drogar. Durante veinte años de mi vida me drogué. Fueron tiempos de lucha, batallas ganadas y perdidas que sin darme cuenta, marcaron el rumbo de mi vida. Cuando comencé tenía catorce años. Mis padres estaban separados. Mi padre vivía en Australia, y yo, por medio de excusas, había logrado separarme de mi madre, y vivía con un tío. Sin darme cuenta y casi como jugando, comencé a probar la droga. Era por diversión; porque era una persona insegura. Consumiendo drogas, quería esconder todo lo que sentía, olvidarme de las burlas de los demás; las frases insultantes contra mi masculinidad que resonaban en mi cabeza. Me sentía frustrado por no haber tenido a mis padres juntos; no tenía imagen paterna ni materna, y mi concepto de familia era nulo. No tenía con quién compartir mis sentimientos, y mi personalidad se fue formando a base de golpes. Así fue como empezó la decadencia de mi vida. De un golpe perdí el respeto, la dignidad, las amistades, la hombría, los amores, los proyectos, los sueños... Dejé de ser hijo; dejé de ser hermano y mejor dicho, sencillamente dejé de ser, y me convertí en una persona dura, sin sentimientos, a tal punto que no podía llorar a causa de todas mis traiciones a mis seres queridos, y más que nada por el peso de la culpa que me doblaba las rodillas y me hacía caer una y otra vez.

»Hoy te cuento que la drogadicción se divide en tres etapas: uso, abuso y dependencia. Realmente, sin darme cuenta, en poco tiempo estaba enredado en todo eso. Usaba cocaína; la consumía todo el tiempo. A pesar de tener una vida "casi formada", con novia y trabajo, seguía utilizando aquello como una vía de escape. A medida que iba pasando de una etapa a otra, en el camino cometí un montón de equivocaciones. Robé, traicioné, oculté mis sentimientos; era otra persona. Hice todo lo malo que uno pueda imaginarse, y más, pero lo peor fue alejarme de Dios y de mis seres queridos.

»Cada día trataba de escaparme de las drogas, hasta que las reiteradas caídas me hicieron dar cuenta de que solo no podía. Perdí mi trabajo, y termine viviendo y comiendo con un grupo de alcohólicos.

»Un día me desperté y vi pasar cerca de mi una pareja que

iba tomada de la mano. Aquello era lo que yo anhelaba, así que me sentí muy miserable. Me angustié mucho y decidí dejar de escaparme. Tenía que enfrentarme con la realidad; no sabía cómo, pero debía hacerlo. Entonces les pedí ayuda a mis padres y por fin terminé en una comunidad terapéutica. El tratamiento duró dos años y medio.

»Al salir del instituto, me encontré con otro mundo. Hice mi mejor esfuerzo para no caer nuevamente en las drogas, pero volví a fracasar en varias oportunidades. Entonces hablé con varias personas: con un rabino, un maestro, un sacerdote, una prostituta y un pastor. En todas sus conversaciones, siempre para ayudarme me nombraban a Dios. A partir de ahí, realmente llegaba a la conclusión de que mis fuerzas solas no bastaban. Para poder salir de aquel pozo, necesitaba realmente de la ayuda de Dios. Buscaba su ayuda, pero las circunstancias de la vida me llevaban una y otra vez a un nuevo fracaso. Había mucho que cambiar en mí, pero yo no quería sujetarme a lo que me decían, sino que "hacía lo mío", rodeado una y otra vez de dolor, soledad y fracaso. Recuerdo que un día, no sé cómo ni por qué, conocí a Dios y me entregué a él. Aunque sigo teniendo problemas, ahora los encaro de otra manera. Los hablo, los trabajo, y así he podido superar la drogadicción. Ahora estoy feliz, y puedo verme del otro lado, ayudando a quienes están como yo estuve años atrás. Hace ya nueve años que dirijo una comunidad terapéutica para la rehabilitación de drogadictos y me siento orgulloso, rodeado de la gente que amo y haciendo lo que me gusta. Gracias al poder y el amor de Dios, pude recuperar mis amistades y formar otras nuevas. Reestructuré mi escala de valores. Volví a ser hijo, aunque no puedo negarte que tengo mis discusiones con mi padre. Volví a ser hermano. Volví a ser una persona, con la diferencia de que ahora soy una persona agradecida y trato de darles a otros las oportunidades que me dieron a mí. La diferencia se acrecienta más cuando me afirmo en Cristo. Ese Dios que se apiadó de mí es el mismo que se puede fijar en ti. Solo se lo tienes que pedir de corazón.

LAS DROGAS

»Este último 27 de diciembre festejé mi cumpleaños con más de cincuenta amigos, con mis padres y con mis pastores. Ahora convivo con más de veintinueve residentes en mi granja, de la cual ya han egresado más de veinte jóvenes. Cada mañana cuando me levanto, sé lo que hice y dónde dormí la noche anterior. Sigo siendo un loco, con la diferencia de que no me drogo ni me alcoholizo. Dios me cambio la vida, y eso también te puede pasar a ti. *"Para los hombres es imposible —aclaró Jesús, mirándolos fijamente—, pero no para Dios; de hecho, para Dios todo es posible" (Marcos 10:27)*».

MI VIDA ES UNA MENTIRA

Cada vez que estoy en la granja,[1] o cada vez que hablo con algún chico con problemas de adicción, llegamos a la misma conclusión. En su vida se han encarnado dos cosas: la droga y la mentira. Una de las consecuencias más fuertes que trae la droga es que genera en la mente una «realidad virtual». El adicto

> «RECUERDO QUE UN DÍA, NO SÉ CÓMO NI POR QUÉ, CONOCÍ A DIOS Y ME ENTREGUÉ A ÉL. AUNQUE SIGO TENIENDO PROBLEMAS, AHORA LOS ENCARO DE OTRA MANERA».

se cree más franco, más sincero. Incluso, la mayoría de los jóvenes que se drogan dicen que se han convertido en personas más sinceras, porque ahora se atreven a «decir la verdad». Pero la realidad es que no encuentran manera de aliviar el dolor y el vacío que sienten en su propia vida. Por eso, la mejor manera que han encontrado es evadirse de la realidad, aunque solo sea por veinte minutos. Un padre vino llorando el otro día, con un dolor muy profundo en su corazón, debido a la adicción de su hijo. Casi a los gritos me decía: «No puedo más. Me roba dinero, me vende cosas de la casa, y dice que "otra persona" lo hace.

---

1. Ale Gómez es pastor de la Granja «Volver a la Vida», en Buenos Aires, República Argentina

Mi hijo tiene otra adicción que va a ser muy difícil de sacar: la mentira». Casi me rompe el corazón ver a ese padre que hace poco conoció a Jesús, pero que ha convivido durante diecisiete años con la «amante blanca» y ha destruido la vida de su hijo.

Una de las dinámicas más llamativas que tenemos en la granja es confrontar al chico con «la verdad». Se coloca a un chico (el denunciante) frente al otro (el denunciado) y en medio de ellos, un juez (uno de los líderes de la granja). Con mucho respeto y firmeza a la vez, el primero pone en evidencia algún hecho de mala conducta del otro, o alguna actitud que deba cambiar. Si el segundo lo reconoce, dice con voz firme y clara: «Lo acepto, y voy a cambiar de actitud». Si hay algo que un adicto necesita, es reconocer la verdadera situación de su corazón: cómo piensa, cómo reacciona, cómo vive. Definitivamente, necesita mirarse a un espejo que refleje por primera vez en su vida lo que tiene por dentro, para tomar conciencia de lo grave que es su situación. El mejor espejo es Jesús, que es la verdad; el camino a recorrer es Jesús, y Jesús es también la forma de hacerlo. *«Yo soy el camino, la verdad y la vida… Nadie llega al Padre sino por mí» (Juan 14:6).*

VARIOS AMANTES Y UNA SOLA MUJER

Si hay algo en que la amistad es negativa, es en el tema de las adicciones a las drogas.

En el 90% de los casos, los jóvenes han desarrollado su vida dentro de un grupo de «amigos», con los cuales comparte el gran secreto de la «amante blanca». Sus miradas, sus charlas y sus anhelos son el motivo de esta relación de amistad y hacen que estando juntos, solo se sinergicen en la búsqueda de otra «poción mágica» que los sumerja en el mundo de la fantasía. Si hay algo que necesita un joven con problemas de adicción, es verdaderos amigos que se jueguen lo que sea por él y solo tengan el objetivo de recuperarlo de ese infierno viviente que es la droga.

«Éste es mi mandamiento: que se amen los unos a los otros, como yo los he amado. Nadie tiene amor más

grande que el dar la vida por sus amigos» (Juan 15:13). Todo joven necesita amigos en quienes confiar; amigos en los que pueda ver que es posible vivir una vida diferente. Una vida con horarios normales para acostarse, diversiones sanas, chistes limpios, y sobre todo, un encuentro con nuestro Padre.

UN ENCUENTRO CON NUESTRO PADRE

¡No hay nada más hermoso que el abrazo de tus padres! Me conmueve ver a los adolescentes y a sus padres, llorando en el medio de un abrazo interminable que parece el final de una película al mejor estilo Hollywood. Esta es una realidad que todo adolescente, joven o adulto necesita. Millones de personas corren por el mundo buscando este abrazo con la figura paterna, en busca de ternura, confianza, aceptación; resumiendo, en busca de amor. Algunos, al no encontrarlo, abrazan las drogas y no las sueltan hasta encontrar el abrazo de un padre.
Desde niños lo están buscando y hasta que no haya en la iglesia gente dispuesta a ser padres sustitutos, el milagro no ocurrirá. El más maravilloso de los milagros se produjo después de un abrazo, en la vida de un joven que lo relata así: «Nunca había vivido nada igual. Cuando recibí ese abrazo, sabía que podía contar para siempre contigo. Fue como si mi padre me hubiera abrazado; sentí que por fin quedaba libre del rencor y la ira que sentía hacia él, y pude vivir el amor de Dios que corría por todo mi cuerpo».
Dios está buscando una generación de padres sustitutos para combatir esta plaga que ataca el corazón del ser humano y lo hace sumergirse en la desesperación. Son miles los que necesitan y buscan tu abrazo; el abrazo de Dios.

LAS DROGAS

CARA A CARA

Si hay algo que se deshace a través del tiempo, es la confianza. Tal vez por haber mentido y robado tantas veces, ya aquellos que te aman no pueden volver a confiar en ti, porque una y mil veces, la historia se ha vuelto a repetir. Por eso, lo primero que debes entender es que la única salida es decir la verdad. Sí, es simple, pero tú sabes que esto te ha hundido en el mismo infierno y te ha llevado a lugares donde nunca habrías querido estar. Tu primer compromiso debe ser compartir lo que te sucede con alguien que ya esté ayudando a otros a salir, o él mismo haya salido. ¡Solo, no podrás jamás! Los centros de rehabilitación o granjas cristianas son el mejor lugar para desintoxicarte de tanta mentira y para ayudarte a que comiences a vivir de una manera diferente. Diles en forma urgente a tus padres que necesitas ayuda. Es el primer escalón para que digas la verdad de lo que hay en tu corazón. Un hombre ciego le pidió a los gritos a Jesús que quería recobrar la vista y Jesús lo hizo, pero porque aquel ciego había buscado su ayuda. Dile a tu familia que los vas a necesitar en los meses siguientes. No temas lo que te digan; ellos te aman y quieren verte sano y libre de esa plaga. El dolor de ellos está en que no saben qué hacer. Como primer paso, te invito a levantar los ojos al cielo y hacer la siguiente oración: «Jesús, quiero que sea hoy el primer día en que comenzaré a decirles la verdad a mis padres, a ti y a los que me aman. Es difícil, pero lo voy a intentar. Enséñame a jugarme el todo por el todo por los que amo y a no hacerles sufrir más. Perdóname. Tú sabes las cosas que me han herido, y que necesito que borres de mi corazón. Jesús, te necesito». Si hiciste esta oración con el corazón, te pido que la escribas y la guardes, señalando la fecha y la hora en que la hiciste. Este será tu compromiso para caminar de una manera diferente y dejarte ayudar por otros. Te aseguro que nunca volverás a ser el mismo. Dios y tu familia volverán a sonreír y disfrutar de un ser maravilloso: ¡tú!

ESTE ES EL MOMENTO DEL CAMBIO. COMIENZA AHORA MISMO JUNTO A TU LIDER O PASTOR A DESCUBRIR LOS 7 PASOS PARA DESCIFRAR «LA CLAVE SECRETA» EN EL ÚLTIMO CAPITULO DEL LIBRO

1// Lo que sentía con la droga, ¿lo podré sentir con Dios?

2// Ya lo intenté varias veces y volví a caer. ¿Podré salir alguna vez?

1// Decenas de jóvenes que han salido de la droga te podrán contar que en realidad, no. Dios es mucho más fuerte y es una experiencia que no se va con el paso del tiempo. Además, en Dios no hay el «bajón» o resaca que te dejan la mayoría de las drogas. La experiencia con Dios es una experiencia de vida que te transforma y te lleva a vivir para los demás. Lo vas a perder todo, con tal de poderles dar el amor que has recibido de él. Ese amor que has estado buscando toda la vida, solo lo encontrarás en él.

2// Siempre les digo a los jóvenes de la granja que el problema de la adicción no se soluciona dejando las drogas. Si a un perro con rabia lo encierro en una jaula para que no tenga contacto con las personas, seguramente estaré alejándolo del peligro de que muerda a alguien, pero seguirá teniendo rabia. Las drogas son solo la consecuencia; el problema está en lo profundo de tu corazón, y en la falta de ese amor que no has recibido. Deja que Dios te llene el corazón con su amor, y la droga se irá sola. No hace falta ahuyentarla. Solo es una cuestión de amor.

PARA SEGUIR MINISTRÁNDOTE, EL EQUIPO DE JESUS WARRIORS PONE A TU DISPOSICIÓN UN E-MAIL PARA COMUNICARTE CON NOSOTROS (CYBER10@JESUSWARRIORS.NET). ASÍ LES PODRÁS ESCRIBIR A LOS JÓVENES CON LOS CUALES TE SIENTES IDENTIFICADO, Y SABER QUE HAY ALGUIEN MÁS QUE HA ESTADO EN TU SITUACIÓN Y QUE VA A ESCUCHARTE, ENTENDERTE Y ENVIARTE UN MENSAJE DE PARTE DE DIOS.

LAS DROGAS

especialistas al rescate

Las drogas son sustancias que se convierten en el objeto
de una relación cuando esta llega a hacerse activa.
La droga, en sí, no existe; es el drogadicto quien convierte
ciertas sustancias en drogas, al establecer con ellas un tipo
de relación y unas formas o patrones de uso.
La organización mundial de la salud define las drogas
como unas sustancias (naturales o químicas) que, introdu-
cidas en un organismo vivo por cualquier vía de adminis-
tración (ingestión, inhalación, vía intravenosa o intramus-
cular), son capaces de actuar sobre el cerebro y producir
un cambio en su conducta, debido a que modifican su
estado psíquico (experimentación de nuevas sensaciones),
y que tienen la capacidad de generar una dependencia.
Consumidor es una persona que ingiere alguna droga.
Se puede diferenciar entre dos tipos de consumidores: el
consumidor ocasional, o persona que alguna vez puede
utilizar una o varias drogas, y el consumidor habitual, o
persona que consume una o varias drogas con una periodicidad importante (incluso diariamente).
Se sabe que gran cantidad de sustancias de muchas y
variadas composiciones químicas producen efectos psico-
activos parecidos en la mente humana. Los efectos de este
tipo de drogas varían significativamente según la persona.
La tolerancia hacia ellas se crea de forma rápida y notable.
Sus efectos varían desde algunos minutos hasta varias
horas. Los efectos, favorables y desfavorables, son principalmente psicológicos. Su uso afecta a las funciones del
cerebro, principalmente a los receptores de serotonina.
El efecto empieza de treinta a noventa minutos después de

65

su ingestión y puede durar hasta doce horas. Este efecto se suele denominar comúnmente con el nombre de «viaje». Son comunes los cambios emocionales, que son espantosos para el consumidor. También les pueden causar la pérdida del sentido de lo que es actuar con normalidad, o de las consecuencias de las acciones. El consumidor puede tender a realizar acciones sobrehumanas y sentirse sin control alguno. Las escenas retrospectivas pueden durar muchos años, aunque no se vuelva a consumir esta droga. Analizando la drogadicción, podemos identificar unos factores básicos que concurren para asegurar su presencia:

1//un agente exterior: la droga
2//un medio facilitador: el ambiente sociocultural
3//un usuario: un ser humano cuyas carencias lo transforman en terreno fértil para caer de forma momentánea o permanente en el uso de las drogas.

La figura del «amigo íntimo» adquiere una situación privilegiada, incluso por encima de la familia. **En este sentido, son más las personas que consumen en grupo (57.4%) que las que lo hacen solas (34.6%), y el lugar de consumo que más se destaca, según lo informan los pacientes, es la calle (58.6%), seguida por el domicilio (22.5%) y los boliches o bares (5.6%).** Con respecto a la periodicidad del consumo, seis de cada diez pacientes manifestaron utilizar la droga a diario, mientras que el 26.3% sostuvo que solo la utilizaba los fines de semana.

Las señales que pueden favorecer el consumo son las siguientes:
_tendencia a huir de las dificultades
_complejo de inferioridad
_baja autoestima
_baja tolerancia ante la frustración
_dificultad para relacionarse en sociedad
_ausencia de proyectos.

LAS DROGAS

Por lo general, el 37.8% de los adictos han comenzado a consumir las drogas sin tener un motivo claro, el 24.4% por tener conflictos familiares, el 14.7% por el deseo de vivir nuevas experiencias, el 8.9% para desinhibirse o estimularse, el 8% porque se sentían solos, y el 6.2% por la presión de su grupo de amigos.

Lamentablemente, el consumo se inicia a una edad bastante temprana. Puede comenzar a los doce o trece años. En cambio, si alguien no ha probado drogas hasta los veinticinco años, es probable que no las vaya a consumir después. Lo más común es que lo hagan entre los dieciséis y los dieciocho años.

En Brasil, la drogadicción es uno de los principales problemas que afectan a las niñas, los niños y los adolescentes que se encuentran en el circuito de la explotación sexual comercial. Muchas veces, crear en ellos una dependencia con respecto a las drogas es la estrategia utilizada por las redes de explotación de la prostitución infantil.

En otras regiones, el tráfico de drogas guarda una estrecha relación con la explotación sexual comercial y es muy alta la posibilidad de que las niñas, los niños y los adolescentes se vuelvan dependientes, y de que sean utilizados en el tráfico de drogas.

El consumo de cocaína en Perú, Bolivia o Colombia puede ser más bajo incluso que en otros países que no son productores. Paraguay, siendo un gran productor de marihuana, tampoco es un consumidor muy alto. No hay una relación directa entre producción y consumo.

La falta de estadísticas en los países de América Latina impide dar cifras certeras en cuanto al consumo, pero podemos decir que en el mundo, doscientos millones de personas consumieron alguna droga ilícita durante el año pasado. De ellas, ciento cincuenta millones consumen marihuana.

LA MASTURBACIÓN
//LA TIJERA DE DIOS//

CUARTA **PLAGA**

LA MASTURBACIÓN

UNA ADVERTENCIA: SI NUNCA EN TU VIDA HAS TENIDO CONTACTO CON LA PORNOGRAFÍA, EN LA INTERNET, LAS REVISTAS O LA TELEVISIÓN, O SI NO TE HAS MASTURBADO, NO SIGAS LEYENDO ESTE CAPÍTULO, PORQUE NO TE SERÁ DE EDIFICACIÓN. ES MÁS: PUEDE SER NOCIVO PARA TU VIDA. CON MUCHO RESPETO, ALE.

«Esta será la última vez» pensaba Carlos. Luego me dedicaré a servir a Dios como él quiere. Todo estaba pensado y planeado de manera minuciosa, ya que sus padres estaban dormidos y el plan marchaba a la perfección. Carlos había logrado el primer objetivo; estar frente a la tentación absolutamente solo. Casi como un disparador de emociones incontrolables, las primeras imágenes generaron en Carlos una transformación radical. Aquello que hacía dos horas él mismo condenaba y tildaba de perverso, ahora lo mantenía esclavo y lograba cautivar su corazón. Ahora nada podría detenerlo, excepto el temor a ser descubierto. El monstruo interior se había despertado otra vez y lo único que podría saciarlo serían las sensaciones e imágenes, cada vez más subidas de tono. Si antes se conformaba con el desnudo, ahora debería ver más «acción», hasta el mismo acto sexual. Y en caso de no haber llegado a la eyaculación, buscaría más formas de saciar su sed de autosatisfacción.

Unos minutos después, el monstruo se retiraría para dar paso al «verdadero Carlos». A su corazón llegarían la culpa, la tristeza, la frustración; en fin, las primeras señales de un arrepentimiento genuino.

Una y otra vez, el remordimiento le preguntaría por qué, hasta que lo decidiría de forma definitiva por enésima vez. ¡Esto nunca más volverá a ocurrir! No seré tan débil como para caer otra vez en las manos del enemigo.

Carlos lo había decidido definitivamente: «¡Dios es mi testigo!» Y estaba seguro de que nada lo haría desistir. Todo duraría hasta la noche, hasta el próximo lugar oculto, hasta que nuevamente el «monstruo interior» volviera a despertar. Han pasado largos años, y Carlos sigue igual. Es padre de familia, va a la iglesia y hasta dirige un ministerio, pero nadie lo ha descubierto... ¿Nadie?

Esta historia se parece en algo a la tuya o a la mía, Carlos podría llamarse «Ale», o llevar tu mismo nombre. En este capítulo, mi anhelo es que seas libre como yo lo fui. ¡Sí! Quiero que sepas que tengo autoridad para escribir, porque yo mismo he peleado esa batalla en la vida y hasta hoy estoy peleando con esa plaga. Suena poco espiritual, ¿no? Perdón, joven; es la pura verdad.

Hace unos años, a un líder internacional de alabanza le encontraron en su cuaderno de notas decenas de fotos pornográficas. La esposa de un conferencista juvenil de esos que hablan de muchas cosas que nunca han hecho ni harán en toda su vida, lo encontró masturbándose y faltó poco para que se separaran. Son problemas que se arrastran desde la adolescencia, pero no han sido tratados y ahora son muy difíciles de enfrentar; «gigantes» que parece que van a morir con nosotros. Pero hoy te digo que conocí la libertad con la «tijera de Dios».

LA TIJERA DE DIOS

Cuando llegamos a este lugar, nos parece que el diablo ha tejido una telaraña de la cual nos será imposible salir. Muchos líderes me han dicho: «Es lo único que nunca podrás vencer». Aunque no lo creas, es más sencillo de lo que te pudieras imaginar. En esta plaga solo necesitas dar dos o tres pasos de valentía de los que no te arrepentirás durante toda tu vida.

Un adolescente me pidió consejería. Yo me alegré, porque era la primera vez que aquel jovencito me pedía una entrevista a solas. No tenía padre, y para mí era un honor poder entrar a formar parte de su vida.

Todavía recuerdo que aquella tarde lo vi entrar a mi oficina con cara de asustado, pero totalmente resuelto a pedir ayuda y a enfrentarse al problema que lo estaba atormentando. Comenzó la charla, detallando una por una las victorias que había obtenido en Cristo y mostrándome los cambios maravillosos que habían sucedido en su vida. Cómo Dios lo había sacado del ocultismo espiritual y cómo su conducta había cambiado en forma abrupta.

LA MASTURBACIÓN

Sus amigos ahora eran otros y Jesucristo había influido sobre su forma de vivir. A pesar de todo aquello, había un lugar de su vida en el cual ya no sabía que hacer. Se lo había rendido a Jesucristo no menos de cien veces. Me dijo que era como si por dentro tuviera una pelea entre un demonio y un ángel. No podía soportar más la situación. Entre lágrimas y silencios, me confesó que su mayor problema era la masturbación. Sentía que aquel monstruo no lo quería soltar. Él personalmente no lo podía dejar; estaba arrepentido y sin fuerzas para luchar.

Lo primero que hice fue comenzar a contarle mi experiencia de cómo Dios me había ayudado a mí por medio de mi pastor, a ser libre de esa gran ligadura a la cual se deben enfrentar la gran mayoría de los hombres, y no siempre triunfan.

Así que comencé a preguntarle minuciosamente sobre los detalles de

MUCHOS LÍDERES ME HAN DICHO: «ES LO ÚNICO QUE NUNCA PODRÁS VENCER». AUNQUE NO LO CREAS, ES MÁS SENCILLO DE LO QUE TE PUDIERAS IMAGINAR. EN ESTA PLAGA SOLO NECESITAS DAR DOS O TRES PASOS DE VALENTÍA DE LOS QUE NO TE ARREPENTIRÁS DURANTE TODA TU VIDA.

cómo caía en aquello, sin tener en realidad el deseo de realizarlo. La historia de aquel jovencito se centraba en un canal de televisión que mostraban imágenes pornográficas y era el motivo principal de su caída.

Así fue que me vino como del cielo la imagen de una tijera (solo lo digo en sentido figurado) y le dije: «Yo tengo la solución. Toma una tijera». «¿Para qué, pastor?», me respondió él. «Hagamos esto: vamos a cortar el cable de la televisión sin que tu mamá se dé cuenta, y se te va a hacer más fácil para que esas imágenes no penetren y te tienten. ¿Qué te parece?» Así que el joven, tijera en mano, realizó su pequeño trabajo de ingeniería electrónica.

A los siete días volvió a mi oficina muy feliz porque había dejado de masturbarse. Al mes y al año, ya daba testimonio de cómo una tijera le había salvado la vida. *«Temer al Señor: ¡eso es sabiduría! Apartarse del mal: ¡eso es discernimiento!» (Job 28:28).*

¡Qué historia!, ¿no? La tijera simboliza la labor de acabar desde la raíz con aquellas cosas que te provocan algún tipo de excitación sexual, ya sea que estés casado o no. Es el arma de Dios para que no te metas en un ayuno de cuarenta días y cuarenta noches; en una guerra espiritual con los miles de demonios del sexo (que dicho sea de paso, sí son reales). Es más sencillo apagar el canal inmoral prohibido, no entrar en el portal de la Internet que te atrae, o destruir la revista que te lleva a desear la masturbación. ¿Comprendes? *«Tus ojos son la lámpara de tu cuerpo. Si tu visión es clara, todo tu ser disfrutará de la luz; pero si está nublada, todo tu ser estará en la oscuridad» (Lucas 11:34).* Es muy sencillo. Necesitas usar la «tijera de Dios».

LIBERTAD CONDICIONAL

Una de las claves para poder mantener esta libertad en el Señor es que necesitas con urgencia a un líder espiritual a tu lado para que te ayude y te pastoree en este tema. Yo no entendía nada de esto, hasta que aprendí el significado de la vara y el cayado en el Salmo 23. Dios nos dice que él es nuestro Pastor, y su principal función es velar. Eso es también lo que deben hacer nuestros líderes o pastores, ya que ellos son los que nos guían «terrenalmente» a pastos delicados, o sea, a lugares donde nuestra vida seguirá adelante sin problemas, porque estamos acompañados por ellos. El pastor utiliza la vara para corregir de manera firme y convincente a las ovejas que se quieren salir del camino por el cual se deben dirigir. El cayado es un palo largo con una curva en su extremo, que le sirve para rescatar a aquellas ovejas que han caído en algún pozo y necesitan su ayuda.

LA MASTURBACIÓN

Esto me enseñó que todos necesitamos un guía o un líder espiritual para caminar hacia Dios. Siendo así, cuánto más importante y necesario será compartir entonces este aspecto, tan plagado de mentiras y de realidades ocultadas, que necesita salir a la superficie de nuestra vida para que Dios la sane de manera definitiva.

«Libertad condicional» fue la carátula que le pusieron a la causa de un joven que acababa de salir de la cárcel y que debía permanecer con una pulsera y una cadena dentro de su propio hogar. Él había conocido a Jesús y era libre por dentro, pero debía cumplir con unos meses a prueba para saber si su conducta había sido restaurada completamente, y su marca era aquella «pulsera».

La pulsera le iba a recordar por unos meses cada vez que saliera o quisiera moverse, que estaba en un proceso de recuperación. En última instancia, eso es lo que te va a hacer libre de verdad. Tú necesitas de un líder o pastor que de

ES MÁS SENCILLO APAGAR EL CANAL INMORAL PROHIBIDO, NO ENTRAR EN EL PORTAL DE LA INTERNET QUE TE ATRAE, O DESTRUIR LA REVISTA QUE TE LLEVA A DESEAR LA MASTURBACIÓN.

ahora en adelante sea tu «pulsera» o marca y te recuerde recordarte que estás en un proceso de recuperación y necesitas compartir con esta persona, con ese confidente, todos los detalles de tu vida. (Una aclaración de suma importancia: quien te esté ministrando, tiene que haber sido liberado de esta plaga.)

La experiencia me ha mostrado que este proceso se lleva años, y no meses. Necesitamos tomar las precauciones suficientes para no caer nuevamente en la trampa de la pornografía o de la masturbación. Recuerda: Necesitas administrar tu libertad con el poder de Dios y con la ayuda de un hermano mayor.

PLACER A BAJO COSTO

Si hay algo seductor en esta plaga, es la posibilidad de obtener placer sin comprometerse con otra persona, y con un costo monetario imperceptible. El precio más alto tiene que ver con nuestra autoestima y nuestro corazón.

No hay compromiso con otra persona, y eso nos hace libres para elegir mentalmente con quién tener relaciones y cómo complacernos en el momento que elegimos.

En realidad, la masturbación es una plaga que nos lleva a pensar solo en nosotros mismos. Todo se centra en la autosatisfacción y no nos interesan en absoluto nuestra vida espiritual, nuestra relación con Dios ni el propósito de Dios para nuestra vida. Pasamos barreras inimaginables horas antes por medio de nuestra imaginación, y aquellas cosas que creemos detestables, se vuelven ambición de nuestro deseo durante unos minutos.

Uno de los problemas más grandes es el que encuentro en los matrimonios, ya que al no poder tener relaciones sexuales sanas, muchos hombres se vuelcan a la masturbación como vía de escape.

Este libro no trata sobre la vida matrimonial, pero si ese es tu problema, no te sumerjas en un pozo, sino corre en busca de ayuda para sanar tu relación matrimonial, porque el sexo es maravilloso en Dios.

LA MASTURBACIÓN

Desde esta hoja, te pido que me mires a los ojos. Tal como Jesús hizo conmigo, hará contigo. Te dirá «Te amo» una y otra vez, hasta que puedas levantar la mirada y correr a los brazos de aquel que te ama y te dice: «¿Dónde están los que te condenan? Ni yo te condeno. Vete y no peques más».

Entonces, ¿cuando vuelva a caer tendré otra oportunidad? ¡Sí! Hay algo que aprendí del Señor, y es que él no es como los seres humanos. Él es el Dios de la «segunda oportunidad». Él te perdonará una y mil veces cuando vayas arrepentido en busca de sus brazos llenos de amor para intentarlo nuevamente.

El primer paso es que reconozcas que estás metido en un problema del cual no puedes salir. Que ya lo has intentado de mil maneras con oración, con ayuno. Le has hecho mil promesas a Dios, pero no han tenido resultado.

Por eso, mirándote con amor, te digo que los pasos son simples: Utiliza la tijera de Dios.

Solo localiza las situaciones que te empujan a caer otra vez y escríbelas en un papel. Te sorprenderás al darte cuenta de que solo se reducen a tres a lo sumo. Es fácil. Solo debes dejar que Dios obre y que un líder te ayude.

La victoria la encuentran aquellos que lo intentan, y quienes lo intentan son los que adquieren la valentía necesaria hasta para contarles a los demás que han sido libres de esa plaga.

Si no, pregúntale al autor del libro.

Te amo en Jesús. Ale.

ESTE ES EL MOMENTO DEL CAMBIO. COMIENZA AHORA MISMO JUNTO A TU LÍDER O PASTOR A DESCUBRIR LOS 7 PASOS PARA DESCIFRAR «LA CLAVE SECRETA» EN EL ÚLTIMO CAPÍTULO DEL LIBRO

1// ¿Es pecado si uno no piensa en una mujer?

2// ¿Si estoy muy excitado, no es lo mejor?

1//Hay teorías según las cuales, si alguien se masturba sin pensar en una mujer, entonces no está mal, sino que es una descarga normal. Perdona, pero no sé de nadie que se haya podido masturbar pensando en un árbol, o tal vez en un auto. Esas teorías se derrumban. Sin embargo, le aseguro que eso fue lo que me dijo un pastor. El problema es que todos sabemos que nuestra mente puede hacer cualquier cosa, con tal de satisfacerse a sí misma. La realidad es que Dios inventó algo a lo que llaman los médicos «eyaculación nocturna», y es la descarga de semen en forma automática por orden del organismo.

2//Estoy muy excitado y después de masturbarme siento alivio y placer. Claro que es verdad que llegan el alivio y la sensación de placer, pero también sentirías placer en un prostíbulo con decenas de mujeres y otras cosas innombrables que seguro que no harías. Lo cierto es que no se trata de sentir placer, sino de jugárselo todo por lo que uno cree. Dios es un Dios que quiere que disfrutemos de la vida tal como él la planificó, y te aseguro que la masturbación termina quitándote el placer en las relaciones matrimoniales. Miles de matrimonios tienen problemas sexuales a causa de la masturbación compulsiva. Lo que Dios había dicho que era hermoso, el hombre lo ha transformado en un placer egoísta y sucio.

PARA SEGUIR MINISTRÁNDOTE, EL EQUIPO DE JESUS WARRIORS PONE A TU DISPOSICIÓN UN E-MAIL PARA COMUNICARTE CON NOSOTROS (CYBER10@JESUSWARRIORS.NET). ASÍ LES PODRÁS ESCRIBIR A LOS JÓVENES CON LOS CUALES TE SIENTES IDENTIFICADO, Y SABER QUE HAY ALGUIEN MÁS QUE HA ESTADO EN TU SITUACIÓN Y QUE VA A ESCUCHARTE, ENTENDERTE Y ENVIARTE UN MENSAJE DE PARTE DE DIOS.

LA MASTURBACIÓN

especialistas al rescate

Es pornografía toda representación de contenidos y objetivos diversos, que involucre actividades sexuales reales o simuladas, de manera explícita o sugerida, con cualquier fin y utilizando cualquier medio (fotografías, negativos, diapositivas, revistas, libros, dibujos, películas, cintas de video, discos de computadora, archivos de imágenes o textos).

El primer tipo de pornografía son las revistas para adultos. Estas están dirigidas en especial a un público masculino adulto, aunque no de manera exclusiva. Las revistas de mayor difusión (por ejemplo, Playboy) pueden ser distribuidas legalmente. En cambio, hay otras revistas que violan las normas legales y están fácilmente disponibles en muchas librerías para adultos.

> **EN PROMEDIO, LOS HOMBRES VEN POR PRIMERA VEZ UN PLAYBOY U OTRA REVISTA SIMILAR A LOS ONCE AÑOS.**

El segundo tipo de pornografía son los cassettes de videos. Estos se alquilan o venden en librerías para adultos y se han convertido en una industria cada vez mayor para la pornografía. Hay personas que jamás entrarían a una librería o un teatro para adultos a ver una película pornográfica, pero consiguen estos videos a través de las librerías, o por correo, para verlos en la intimidad de sus hogares. En general, estos videos exhiben un alto grado de pornografía dura y actos ilegales.

79

El tercer tipo de pornografía son las películas. Las normas de calificación se han ido flexibilizando, y hoy en día se exhiben y distribuyen muchas películas pornográficas.

VARIOS ESTUDIOS HAN DEMOSTRADO QUE TODAS LAS PERSONAS, TANTO NORMALES COMO DESAJUSTADAS, QUE VEN PORNOGRAFÍA, DESARROLLAN UN AFÁN POR VER MATERIAL PORNOGRÁFICO CADA VEZ MÁS PERVERSO, ASÍ COMO LOS ADICTOS A LAS DROGAS BUSCAN DROGAS CADA VEZ MÁS FUERTES.

Un cuarto tipo de pornografía es la televisión. Como ocurre con las películas, las normas para la televisión comercial han ido bajando continuamente. Pero la televisión por cable presenta una amenaza aun mayor. Los videos y la televisión por cable le brindan a la persona fácil acceso al material pornográfico.

Un quinto tipo de pornografía es la «ciberpornografía». Prácticamente cualquier persona puede bajar de la Internet y ver imágenes y películas de pornografía dura, chats en línea, y aun actos sexuales en vivo. El 83% de los niños y adolescentes tienen acceso a la red sin control de los mayores. La mayoría de los jóvenes entre los catorce y los veintidós años, sobre todo varones, tienen la costumbre de entrar a la red, o lo han hecho alguna vez, para ver pornografía a modo de hazaña secreta.

EN ENERO DE ESTE AÑO, 17,5 MILLONES DE PERSONAS ENTRARON A SITIOS DE LA RED RELACIONADOS CON LA PORNOGRAFÍA. ESTO SIGNIFICA UN AUMENTO DEL 40% CON RESPECTO A CUATRO MESES ATRÁS.

Un último tipo de pornografía es la «audiopornografía». Aquí se incluyen las «pornollamadas», que ocupan el segundo lugar en crecimiento dentro de los mercados de pornografía.

LA MASTURBACIÓN

El contacto con formas violentas de pornografía puede llevar a actitudes y comportamientos antisociales. Los espectadores varones tienden a ser más agresivos hacia las mujeres, menos sensibles al dolor y al sufrimiento de las víctimas de las violaciones, y mucho más dispuestos a aceptar diversos mitos acerca de la violación.

La pornografía, en especial la pornografía violenta, puede producir un conjunto de efectos indeseables, como la violación y la coerción sexual. Se ha encontrado concretamente que este contacto puede llevar a un uso mayor de la coerción o la violación, un aumento de las fantasías acerca de la violación, una desensibilización ante la violencia sexual y una trivialización de la violación.

SE CREE QUE UN 70% DE LAS MUJERES INVOLUCRADAS EN LA PORNOGRAFÍA SON SOBREVIVIENTES DEL INCESTO O DEL ABUSO SEXUAL INFANTIL.

La pornografía desensibiliza a las personas con respecto a la violación como delito criminal. El contacto continuo con la pornografía alienta a querer unos materiales cada vez más aberrantes, que involucren violencia (sadomasoquismo y violación). Es posible que la violación y el consumo de pornografía estén relacionados solo de manera indirecta a través de otros factores, como la permisividad social y las actitudes machistas entre los hombres.

La sexualidad fue creada por Dios para acabar con la soledad del hombre. La masturbación trae un alivio físico, pero nunca puede satisfacer emocionalmente, porque no es una experiencia compartida. Está dirigida hacia uno mismo. La experiencia sexual que fue diseñada para ser compartida con otra persona, es consumada en la soledad y el silencio.

La pornografía está destrozando la trama misma de nuestra sociedad. Sin embargo, los cristianos ignoran a menudo su impacto y se muestran indiferentes ante la necesidad de controlar esta amenaza.

La mayoría de cristianos solteros luchan con la masturbación. Muchos se sienten culpables, pero a la vez confundidos y abrumados sobre cómo quitarse el hábito. ¿Es posible superar este comportamiento?

La masturbación no nos lleva a relacionarnos. En vez de resolver nuestro aislamiento, lo que hace es hacer mayor el problema. En la masturbación estamos tratando de satisfacer nuestro apetito sexual, pero de una forma inmadura.

Quizá esto explique por qué la masturbación nos deja con sentimientos de culpabilidad. De algún modo, cada persona sabe que el sexo fue diseñado para ser compartido, y la masturbación no cumple con ese propósito. Pero a menudo la culpa y la insatisfacción asociadas con la masturbación nos mantienen en un círculo vicioso de fracaso. Enredamos a nuestro alrededor unas cuerdas de vergüenza y soledad.

La masturbación puede ser indicador de un problema más profundo, que tal vez no sea sexual, pero que ha sido tomado en un sentido sexual. Muchas veces, es indicador de una insatisfacción con nosotros mismos y con nuestra vida. Podemos estar intentando superar el descontento, buscando el placer temporal que la masturbación ofrece. La masturbación es bastante común en los niños como una forma de descubrir y explorar su cuerpo. Debido a la tensión sexual y al comienzo de las eyaculaciones, un 90% de los varones y un 60% de las señoritas la han practicado antes de los dieciocho años. En muchos casos, esta frecuencia no para hasta que se concretan otras prácticas sexuales

EL ABUSO Y LA VIOLACIÓN
//UN JUEGO INOFENSIVO//

#05

QUINTA **PLAGA**

EL ABUSO Y LA VIOLACIÓN

Todavía recuerdo hoy aquel día que lloraba a gritos fuera de una cancha de fútbol, pidiéndoles a unos grandulones que me devolviesen mi primera pelota de fútbol. Yo quería volver a mi casa para ir al baño, pero ellos se burlaban de mí y me decían que hasta terminar el partido no me la devolverían, así que yo no me pude aguantar más. Fue casi automático: al verme, me devolvieron la pelota, pero se comenzaron a burlar de mí.

Las situaciones que nos suceden de niños son las que nos quedarán marcadas para toda la vida, y como en el caso de esta historia mía real, unos diez minutos fueron suficientes para marcarme toda la vida. En mi caso, esta experiencia solo será algo anecdótico. En cambio, ¿qué pasa en el caso de un abuso o una violación a nivel corporal o psíquico, y cuyo perpetrador es algún ser querido?

Seguramente, la marca será muy profunda, ya que no tenemos defensas contra nuestros familiares. Las mismas ofensas, hechas por alguien muy cercano, son mucho más difíciles de sanar que las hechas por desconocidos.

UN JUEGO INOFENSIVO

Uno de los obstáculos más insalvables de esta plaga es que en su mayoría sucede en la niñez más tierna, época en la cual estamos desarrollando toda nuestra identidad, y no tenemos conciencia real de qué tipo de hechos son abuso sexual o no. La verdad es que la mayoría descubren entre los diez y los doce años que han sido objeto de abuso en su tierna niñez. En muchos casos, a esa edad ya su voluntad ha sido doblegada por el mismo que ha abusado de ellos. Con mi esposa les hemos ministrado a decenas de personas que han sufrido este tipo de abusos. La gran mayoría son obra de familiares directos ante los cuales un niño no tiene defensas, ya que sus padres le han dicho siempre que debe confiar en ellos y que no le hará daño nada de lo que ellos le hagan. Al menos, el niño lo entiende así. Ellos forman su círculo de confianza.

La idea final es que un niño procesa que lo que está sucediendo es un juego inofensivo con algún familiar cercano.

85

No entiende la gravedad, y si encuentra algo de placer, hasta intentará repetir este juego sin tener idea del abuso al que se le está sometiendo.

DESPIERTA DE LA PESADILLA

¿Alguna vez te has despertado exaltado, asustado porque soñaste que caías al vacío y nadie te sostenía, y a los dos minutos te diste cuenta de que todo fue un sueño? Qué tranquilidad, ¿no? En esta parte del libro quiero decirte que aquel de quien han abusado de niño, despierta en su adolescencia de la peor de las pesadillas. Sin embargo, está despierto, y de esa pesadilla no se podrá escapar jamás, porque es algo que le sucedió en la realidad, y ahora debe decidir si convive con el odio, la vergüenza, el silencio, el dolor y la venganza, o si trata de escapar por medio de una vida sexual desordenada, las drogas, el alcohol y demás.

SIN SALIDA

¿Sabes una cosa? Yo también pienso que una persona que ha sido víctima de abusos, o que ha abusado de alguien, no tiene salida, porque el infierno ya no está fuera de él o de ella, sino que ahora lo vive dentro. Por eso quiero relatarte esta historia de alguien que sí pudo encontrar la puerta de salida y hoy quiere compartir estas líneas contigo. «Mi nombre es Claudia, y te cuento que nací de una madre joven, de diecisiete años. Fui resultado de una relación prematrimonial. Al enterarse sus padres del embarazo, los obligaron a casarse. Esperanzados en formar una familia, se enfrentaron al compromiso del casamiento. Poco después de haber nacido yo, un día mi mamá regresó al hogar paterno, y se encontró con la casa vacía. Mi papá nos había abandonado. Al quedar a los dieciocho años en la calle, sola y sin dinero, quiso recurrir a sus padres, pero la respuesta que recibió de ellos fue indiferencia y soledad. Mi mamá comenzó a trabajar limpiando casas. Era el único oficio que podía hacer, ya que no tenía estudios. Durante mi primer año, no tuvimos hogar.

EL ABUSO Y LA VIOLACIÓN

Pasábamos las noches deambulando por la calle, en las plazas y en muy pocas ocasiones en casas de amigos, conocidos o familiares. Meses después, comenzó un noviazgo con uno de los hijos de la señora de la casa en la cual trabajaba en ese momento. Al cabo de un tiempo, comenzaron a convivir. Mi madre se tuvo que buscar un nuevo trabajo, porque falleció su suegra. Mi padrastro era deportista y nunca había tenido la necesidad de trabajar. Tampoco nuestra crítica realidad económica lo hizo sentirse obligado a hacerlo. En aquel entonces, yo no sabía por qué, pero no me agradaba quedarme con él. Por eso, cuando mi mamá salía a trabajar, me dejaba al cuidado de una vecina. Aquella mujer era muy cruel. Me encerraba durante horas, y regresaba solo minutos antes que mi mamá llegara de su trabajo. Bajo

AL QUEDAR A LOS DIECIOCHO AÑOS EN LA CALLE, SOLA Y SIN DINERO, QUISO RECURRIR A SUS PADRES, PERO LA RESPUESTA QUE RECIBIÓ DE ELLOS FUE INDIFERENCIA Y SOLEDAD.

amenazas, me advertía que no le debía contar nada sobre lo que ocurría, porque ella dejaría de "cuidarme" y mi mamá no podría trabajar más. Mamá seguía luchando con nuestra situación económica, cargándose a los hombros la responsabilidad de traer comida a casa. Después de un tiempo, volvió a quedar embarazada. Mi padrastro comenzó a tener juegos perversos conmigo, y de distintas formas me hacía ver que aquello debía ser un secreto entre los dos. Es así como comenzó a abusar de mí, manoseándome. Era un juego sexual cuya gravedad no comprendía a causa de mi corta edad.

»Él era una persona agradable de las puertas de casa hacia fuera, ya que para todo el mundo era amable y simpático. En cambio, las peleas, los malos tratos y los insultos hacia mi mamá eran constantes. Nunca me levantó la mano, pero sí descargaba su ira en los muebles, los platos, los vasos y todo lo que tuviese al alcance de la mano. En sus arrebatos de furia, tiraba todas las cosas. Yo tenía siete años, y mi hermano solo dos. Recuerdo que en aquellos momentos de violencia de mi padrastro, él se refugiaba debajo de la mesa, lleno de terror.

»Los juegos sexuales no habían disminuido; todo lo contrario. Ya se habían convertido en una costumbre, y prácticamente todas las noches se acercaba a mi cama para hacerlos. Me infundía mucho temor. Para tratar de frenar sus abusos, yo me recostaba en mi cama totalmente vestida, con el fin de que no pudiese tocarme, o por lo menos hacérselo difícil.

»Mi mamá no entendía por qué yo aprovechaba cualquier oportunidad para irme a dormir a las casas de nuestros amigos o familiares. Discutíamos mucho por esto. Ella sostenía que yo era una "callejera"; que no deseaba pasar tiempo en mi casa, pero en realidad no conocía la pesadilla que vivía en las noches. ¡Yo solo quería escapar! Ninguna de estas excusas logró tener efecto.

»Con el tiempo, ya no se satisfacía con solo tocarme. Recuerdo que a mis once años, estando solos en casa, comenzó su ritual, queriendo penetrarme. Me introdujo los dedos en la vagina, lastimándome. Yo solo lloraba; no puedo olvidar el dolor que me causó.

El tiempo fue pasando, y los abusos se repetían. El odio y el rencor se adueñaban cada vez más de mi corazón. Todos los hombres que habían pasado por mi vida: mi abuelo, mi padre y mi padrastro, me habían dejado una herida, porque de ellos solo había recibido rechazo, abandono, y abusos. El modelo de "hombre" que yo tenía estaba totalmente desvirtuado a causa de esto. No concebía que un hombre me pudiese hacer otra cosa más que lastimarme o herirme. Jamás imaginé que en algún momento llegaría a casarme o tener hijos, porque odiaba a los hombres.

»Los años siguieron transcurriendo. Llegué a la adolescencia, utilizando mi sensualidad para atraer a los chicos. No porque los quisiera, sino porque sentía placer al manipularlos.

EL ABUSO Y LA VIOLACIÓN

»Yo pensaba que Dios no existía, pero estábamos en búsqueda de "algo"; de una liberación. Pasamos por todo tipo de iglesias, de brujos y de curanderos. Comprábamos agua bendita, lavábamos la ropa y baldeábamos la casa, creyendo que así nuestra familia cambiaría, pero mi padrastro continuaba con sus agresiones e insultos constantes.

»Tenía dificultades en el desarrollo de mi adolescencia. Mi menstruación no era regular, porque psicológicamente, mi cuerpo estaba cerrado.

»Un día me enfrenté a mi padrastro, diciéndole que no iba a permitir que él siguiera tocándome, porque lo iba a denunciar. Entonces lo que él hacía era masturbarse delante de mí, y me amenazaba si no me desnudaba.

»Nunca pude ir a un cumpleaños, o salir con amigas, porque ellos me controlaban constantemente. Tenía que ir de la casa a la escuela y de la escuela a la casa. Siempre me destaqué en el colegio con mis notas, y participaba en distintas actividades. Lo único que deseaba era que alguien me quisiera y me aceptara. Creía que lograría esa aceptación a base de "hacer algo", no por ser quien era.

»Comencé a asistir a una iglesia católica en búsqueda de una salida. Tomé la comunión, y pude confesarle al cura lo que me había pasado, creyendo que él me ayudaría, pero lo único que me dijo era que rezara veinticinco Avemarías y treinta Padrenuestros para limpiarme de aquel pecado. Sin embargo, en realidad yo era la víctima. Por eso pensaba que Dios no existía; no podía entender como a una niña de solo cinco años le podía pasar todo aquello.

»A partir de mis quince años, mi vida comenzó a ser "más libre". Mi padrastro ya no me tocaba, y yo empecé a tomar mucho y a fumar. Salía con un chico que tenía diez años más que yo. Él tenía una buena posición económica, y por esos mis padres no se oponían. Manteníamos relaciones sexuales, pero era muy celoso. No dejaba que me juntara con sus amigos. Tenía muchos problemas de agresividad y me perseguía cuando iba a trabajar, a tal punto que me cansé y terminamos la relación.

»En 1985, mi mamá vio por primera vez un programa

cristiano por televisión. Era "El Club 700". A partir de esos momentos, comenzamos a asistir a una iglesia en contra de la voluntad de mi padrastro, pero íbamos. Recuerdo que lo que más me impactó fue el amor de las personas. Se acercaban y me abrazaban, y yo no tenía que hacer nada para que me quisieran. Me llamaban por teléfono y me visitaban. Acepté a Cristo en mi corazón, pero en realidad no le entregué mi vida.

»Un día me invitaron a participar en un picnic organizado por el grupo de jóvenes de la iglesia. Yo asistí, y allí uno de los chicos me habló y me preguntó si quería dejar de fumar. Me quito el paquete de cigarrillos, lo rompió y oró para que nunca más volviera a fumar. A partir de aquel momento, no probé un solo cigarrillo más. Una y otra vez había intentado dejarlo por mi propia voluntad, pero no había obtenido buenos resultados. Sin embargo, desde el día en que oraron por mí, nunca más tuve uno en mis manos. La gente que trabajaba conmigo no entendía cómo de un día para otro ya no había vicios en mi vida.

»Comencé a participar más activamente en las actividades de la iglesia. Era un tiempo muy especial por el mover del Espíritu Santo que había. Asistía a las vigilias y a las reuniones especiales. Recuerdo que un día oraron por mí, y se manifestó un demonio del cual fui liberada. Ese demonio quería destruir mi vida, pero la liberación hizo que cambiara totalmente y pudiera comenzar de nuevo. Yo sentí incluso que Dios obraba en mi cuerpo, devolviéndome la virginidad.

»Tuve que cambiar mi forma de caminar, de hablar, de moverme y todo mi vestuario. Fue un tiempo maravilloso de búsqueda de Dios, durante el cual, él trataba conmigo, pero a su vez yo tenía que pagar un precio. Tuve que dejar unas cosas para que él me diera otras. Dios puso en mi corazón un sentimiento de amor hacia mi padrastro, y poco a poco mis actitudes con él fueron cambiando, demostrándole que Dios me había transformado, y que yo tenía que amarlo a pesar del daño que le había hecho a mi vida.

»A su tiempo, llegó el noviazgo con uno de los chicos de la

iglesia. Entonces comprendí que el amor era más que sexo y que cuanto yo pudiera dar. Al principio, creía que Dios solamente quería cambiar mi vida. Por eso tenía temor de contar mi pasado. No me imaginaba que él usaría mi testimonio para liberar a otras mujeres. Sin embargo, me quitó la venda de los ojos, y a partir del momento en el cual decidí compartir con otros mi pasado, empezó un gran ministerio, porque hasta aquel momento no lo tenía, a pesar de haberme casado con un hombre que tiene un llamado y un ministerio. Dios me mostró que había algo más para mí, y me dio todo lo que el enemigo me había querido robar».

FUE UN TIEMPO MARAVILLOSO DE BÚSQUEDA DE DIOS, DURANTE EL CUAL, ÉL TRATABA CONMIGO, PERO A SU VEZ YO TENÍA QUE PAGAR UN PRECIO. TUVE QUE DEJAR UNAS COSAS PARA QUE ÉL ME DIERA OTRAS.

EL CUCHILLO DEL INFIERNO

El dolor que me causa descubrir a cientos de jóvenes que todavía hoy cargan con esta plaga, es indescriptible, ya que me veo atado de pies y manos para impedirlo. En una ocasión que me encontraba en un momento de profunda oración, tuve una pequeña visión de un niño que caminaba por el medio de una avenida, pero llevaba clavado en la espalda un enorme cuchillo que le atravesaba todo el cuerpo y le salía por el pecho. Sin embargo, seguía caminando firme, como si nada ocurriera.

De inmediato, entendí en oración el mensaje. El diablo intenta clavarles desde muy temprana edad a la gran mayoría de los seres humanos el «cuchillo del infierno»: un abuso, una separación, la violencia familiar, etc. Su intención es destruir la vida de las personas y que luego ellas mismas se dediquen a destruir a otras.

Una de las claves que hacen del abuso un infierno, es que las víctimas no solo lo sufrirán de por vida, sino que en muchos casos terminan haciendo víctimas a otros, en venganza o simplemente por un oscuro placer.

EL MIEDO A SER CULPABLES

Uno de los problemas más comunes es el miedo a ser culpable, porque increíblemente, una persona de la cual han abusado, comienza a creer que esto ha sucedido porque ella misma se lo ha buscado.

Nadie recibe abusos porque se lo busque, y muchísimo menos durante la infancia. Este es uno de los argumentos que utiliza el víctimario para asegurar la relación, o en todo caso, el silencio de la víctima. Dios te ha formado hermoso o hermosa, para que disfrutes del sexo con el marido o la esposa que él te ha preparado. *«Por eso dejará el hombre a su padre y a su madre, y se unirá a su esposa, y los dos llegarán a ser un solo cuerpo»* (Efesios 5:31). *«El hombre debe cumplir su deber conyugal con su esposa, e igualmente la mujer con su esposo»* (1 Corintios 7:3). El regalo que Dios te ha dado ha sido especialmente diseñado para ti. Eres alguien especial para él, y no debes vivir con la culpa a cuestas. «Él llevó nuestras cargas». El propio Jesucristo te libra de esa plaga. *«Me deleito mucho en el Señor; me regocijo en mi Dios. Porque él me vistió con ropas de salvación y me cubrió con el manto de la justicia. Soy semejante a un novio que luce su diadema, o una novia adornada con sus joyas»* (Isaías 61:10).

No creas lo que te dice esa voz que te susurra al oído que todo ha sucedido «por tu culpa»; que eres una mala mujer o un mal hombre, y que te tenías merecido lo que pasó. Nadie merece un abuso o una violación.

Nadie debe abusar de ti; ¡no lo permitas! Ni aun esa voz interior que no es la de Dios. *«Mientras guardé silencio, mis huesos se fueron consumiendo por mi gemir de todo el día. Por eso los fieles te invocan en momentos de angustia...Tú eres mi refugio; tú me protegerás del peligro y me rodearás con cánticos de liberación»* (Salmo 32:3,6-7) Denúnciala a los cuatro vientos, ¡rompe la cadena del silencio!

EL ABUSO Y LA VIOLACIÓN

LA CADENA DEL SILENCIO

Si hay algo en lo cual debes ejercitarte a partir de hoy, es en proclamar tu libertad y romper el silencio que te ha mantenido esclavo o esclava durante años. No tengas miedo; Dios está de tu lado. Ya es hora de que encuentres la libertad que por tantos años has buscado.

Para romper la «cadena del silencio», en este momento lo debes declarar ante Dios en primer lugar, aunque él ya lo sabe. Debes confesar con tu boca lo que te sucedió; cuéntale todo tu dolor, tu ira, tu frustración y tus ansias de venganza. Dios quiere escucharte para sanar tu corazón. Escríbelo en forma de carta o díselo entre lágrimas, pero declárale que estás dispuesto a no seguir llevando solo esa carga. El siguiente paso consiste en enviarnos un mensaje por el correo electrónico (cyber10@jesuswarriors.net) o correr a un pastor o líder de absoluta confianza a pedirle ayuda para empezar este proceso durante el cual el amor de Dios te abrazará definitivamente para que sientas el abrazo del Padre. Dios utilizará cualquiera de estos medios para que tu vergüenza se convierta en gozo. *«Convertiste mi lamento en danza; me quitaste la ropa de luto y me vestiste de fiesta»* (Salmo 30:11).

El plan de Dios es que aquello que hasta ayer te avergonzaba, se convierta en una herramienta en sus manos, *«y lleve a cabo el servicio que me ha encomendado el Señor Jesús, que es el de dar testimonio del evangelio de la gracia de Dios»* (Hechos 20:24). De ese modo, van a ser decenas los jóvenes que comparten la vida a diario contigo que van a conocer a este Dios de amor.

Claudia se atrevió a contarte su historia, cruel, íntima y desafiante; una historia tal vez como la tuya. Tú también necesitas del mismo Dios para que te transforme en un joven nuevo o una nueva jovencita. Dios te da vestiduras nuevas y hoy mismo te pone sus ropas blancas para que comiences a vivir un nuevo desafío: el de ser feliz junto a Jesús, tu mejor amigo.

TESTIMONIO DE UN MAESTRO DE LA ESCUELA DOMINICAL

Terminaba de ministrarles a casi mil jóvenes en un encuentro en Buenos Aires. Les había dicho que Dios no sana las heridas como si estuviera poniendo parches en tu vida, sino que hace todas las cosas nuevas y no pone remiendos. Así que hice un llamado a víctimas y victimarios. Pasaron más de cien jóvenes al altar y oré por ellos.

Al finalizar, más de una decena me esperaban para charlar personalmente. Todos con el mismo problema; nunca lo habían comentado con nadie, y era una carga que se les hacía imposible de llevar. Tenían la necesidad imperiosa de contarlo y de recibir el amor de Dios en ese momento. Así pasaron algunas horas, escuchando las historias más escalofriantes imaginables acerca de abusos y violaciones por parte de familiares increíblemente cercanos.

La última persona de esa noche fue un joven que me confesó que en ese momento él abusaba de niños; que los tocaba y los manoseaba. Él mismo había sido durante años objeto de este horror, y ahora lo estaba repitiendo en otros. Lo hice tomar conciencia de lo que estaba pasando, y él me dijo que no volvería atrás. Quería cambiar y dejar de vivir en aquel infierno. El agravante era que llevaba cinco años de maestro en la escuela dominical y tenía a su cargo unos treinta niños. Desde aquel día me prometí a mí mismo no callarme sobre estos temas, por más que algunos «religiosos» se sientan heridos. La salud mental, espiritual y física de millones de jóvenes está en juego.

EL ABUSO Y LA VIOLACIÓN

Llegó el final de tu pesadilla. Ya no tienes que mantener las cosas en secreto. Nosotros, tu pastor y tus amigos, te estamos ayudando a recuperar tu verdadera personalidad e identidad en Jesucristo. Somos más que vencedores.

Tal vez te asombrarías si supieras que casi toda mi vida estuvo afectada por esta plaga. Mis seres más queridos y yo nos tuvimos que enfrentar a ella día a día, y crecer paso a paso para poder gritar con toda libertad: «¡Jesús me hizo libre!»

Allí no terminó todo. Tuvimos que perdonar al abusador y al principio fue muy difícil. «Porque si perdonan a otros sus ofensas, también los perdonará a ustedes su Padre celestial. Pero si no perdonan a otros sus ofensas, tampoco su Padre les perdonará a ustedes las suyas» (Mateo 6:14).

Pero sabiendo que el camino de nuestra propia libertad dependía de aquel paso de fe, nada nos detuvo. Así, hoy les podemos decir a miles de jóvenes que aquella plaga no nos mató, porque el amor de Dios nos hizo libres.

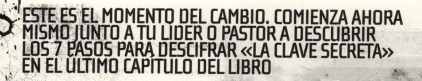

ESTE ES EL MOMENTO DEL CAMBIO. COMIENZA AHORA MISMO JUNTO A TU LIDER O PASTOR A DESCUBRIR LOS 7 PASOS PARA DESCIFRAR «LA CLAVE SECRETA» EN EL ÚLTIMO CAPÍTULO DEL LIBRO

PREGUNTAS DE ALTO VOLTAGE

1// ¿Podrá un hombre/mujer amarme después de lo que pasó?

2// ¿Lo podré olvidar alguna vez?

Para la mujer
Sí. Un hombre podrá amarte y podrás ser una mujer feliz. Además, si el hombre te elige sabiendo lo que te sucedió, te amará más de lo común, porque te cuidará como a una rosa que va a tratar con amor para que recuerdes que Dios te dio la oportunidad de ser amada y triunfar sobre lo que el diablo quiso destruirte.

Para el hombre
Puedo decirte como hombre que entiendo que tu mente te repita una y mil veces que eres menos hombre porque abusaron de ti. La realidad es que eres hombre porque Dios te formó así. Eso que te sucedió, solo tuvo que ver con la maldad que hay en el mundo. La mujer que Dios preparó para ti no contará esto como falta de hombría. Es más, ella debe conocer lo sucedido para unirse mucho más contigo. Y te sorprenderás de lo maravilloso que será ayudar a otros jóvenes que hayan pasado por lo mismo que tú.
Mira: en una ocasión, siendo yo adolescente, fui corriendo a buscar una pelota de fútbol detrás de un alambrado. Sin darme cuenta, pasé corriendo y a la altura de mis ojos había un alambre de púas y me hice un tajo de dos centímetros. Casi pierdo un ojo, ¡Gracias a Dios porque hoy veo! Sin embargo, todavía tengo la cicatriz de aquel día. Ya no siento dolor y ni siquiera la recuerdo, ¡pero me sucedió! Esto es lo que quiere hacer Dios con tu vida y con tus heridas. ¡Solo te va a quedar la marca!

PARA SEGUIR MINISTRÁNDOTE, EL EQUIPO DE JESUS WARRIORS PONE A TU DISPOSICIÓN UN E-MAIL PARA COMUNICARTE CON NOSOTROS (CYBER10@JESUSWARRIORS.NET). ASÍ LES PODRÁS ESCRIBIR A LOS JÓVENES CON LOS CUALES TE SIENTES IDENTIFICADO, Y SABER QUE HAY ALGUIEN MÁS QUE HA ESTADO EN TU SITUACIÓN Y QUE VA A ESCUCHARTE, ENTENDERTE Y ENVIARTE UN MENSAJE DE PARTE DE DIOS.

EL ABUSO Y LA VIOLACIÓN

especialistas al rescate

Se consideran como abusos sexuales aquellas actitudes y comportamientos que realiza un adulto (muchas veces un varón) para su propia satisfacción sexual, con una niña, con un niño o con un adolescente. La mayoría de los abusos sexuales se producen en el propio hogar de los menores, y el agresor generalmente es un familiar cercano o alguien que tiene fácil acceso a la víctima.
Entre el 20% y el 30% de las adolescentes entre los diez y los veinticinco años manifiestan que su primera experiencia sexual fue forzada. Alrededor del 15% de los niños también han sufrido de lo mismo.
Los factores fundamentales que influyen en la iniciación sexual temprana son:
La presión por parte de los compañeros, así como de una sociedad y una cultura altamente «sensualizadas».
Las experiencias sexuales negativas en la infancia.

Existe un elemento común entre los jóvenes que informan haber tenido una iniciación sexual prematura y los que evidencian serios trastornos psicológicos y emocionales: unas experiencias sexuales negativas en la niñez.
Del total de los jóvenes encuestados, el 41% tuvo alguna experiencia negativa de índole sexual en la infancia. El 50% fueron manoseados; el 19% sufrieron abusos físicos y el 17% fueron violados en la niñez. Un 14% del total de los jóvenes que expresaron tener una experiencia sexual negativa en la niñez, prefirieron guardar silencio sobre las características de aquel suceso sexual negativo, mayoritariamente los del sexo masculino.

LAS 10 PLAGAS DE LA CIBERGENERACIÓN

De cada 10 jóvenes de un grupo juvenil cristiano, al menos 4 tuvieron experiencias sexuales negativas en la infancia.

De cada 10 jóvenes de un grupo juvenil, 2 fueron manoseados o «acariciados» por un mayor.

De cada 10 jóvenes, 1 sufrió abuso sexual físico, sin llegar a violación.

De cada 15 jóvenes, 1 fue violado en la niñez.

EL ABUSO Y LA VIOLACIÓN

Falso	Verdadero
Los abusos sexuales son infrecuentes.	En torno a un 23% de niñas y un 15% de niños son víctimas de abusos.
Se dan en niñas, pero no en niños.	Afectan más a las niñas, pero los niños también los sufren.
Hoy se dan más abusos que antes.	Han existido en todas las épocas. Hoy sí existe una mayor conciencia y sensibilización al respecto.
Los agresores son normalmente enfermos psiquiátricos o viejos verdes.	La mayoría de los abusos los cometen sujetos aparentemente normales, aunque no poseen valores sociales o no saben controlar sus impulsos.
Solo ocurren en ambientes especiales (pobreza, baja cultura) y situaciones especiales (callejones oscuros y durante la noche).	Están presentes en todas las clases sociales y ambientes, aunque sí son más probables en situaciones de hacinamiento o si existe un clima de violencia familiar. Pueden ocurrir en cualquier lugar y momento.
Los niños no dicen la verdad cuando cuentan que han sufrido abuso sexual.	Los niños casi nunca mienten cuando dicen haber sufrido abusos.
Las víctimas son normalmente chicas jóvenes que visten seductoramente o niñas que se lo buscan.	El abuso sexual puede ocurrirle a cualquiera, independientemente de la edad, sexo o forma de vestir.
Si los abusos ocurrieran en nuestro entorno, nos enteraríamos.	Muchas veces, las personas que sufren abusos tienden a ocultarlo por vergüenza o miedo.
Los abusos sexuales van casi siempre asociados a la violencia física.	El agresor no emplea siempre la violencia. En muchos casos utiliza la persuasión o el engaño.

Falso	Verdadero
Si la madre de un niño se entera de que este es objeto de abusos sexuales, no lo permitirá y lo denunciará.	No es infrecuente que las madres reaccionen ocultando los hechos, sobre todo si el agresor es un familiar.
Los menores pueden evitarlo.	Esto es verdad en algunos casos, pero en otros muchos les coge por sorpresa, no saben lo que está pasando, les engañan o les amenazan.
Los efectos son casi siempre muy graves.	No siempre es así.

LA BULIMIA Y LA ANOREXIA
//LO QUE SE USA//

#06

SEXTA PLAGA

LA BULIMIA Y LA ANOREXIA

—Mira lo que me compré, mami—. Ella le estaba mostrando su nuevo pantalón de jean y su nueva blusa.

—Hija, ¿no te parece que el pantalón es un poco bajo? Apenas te cubre el cuerpo, la blusa te da por encima del ombligo. Es muy llamativa.

A esto, la chica respondió: —Mami, eres muy anticuada. ¡Esto es lo que se usa!

En esta frase se resumen muchas de las plagas de este tiempo: «¡Esto es lo que se usa!» Si hay algo que un adolescente en búsqueda de su identidad, va a intentar por todos los medios, es vestirse o vivir a la moda. El testimonio de miles de adolescentes de estos tiempos es: «Me levanto cada día buscando sentirme mejor conmigo misma. Cuando llega la noche y reflexiono sobre el día, solo hay una cosa que me permite sentir satisfacción por un instante: "Peso unos gramos menos que ayer. ¿Dónde quedaron el resto de mis inquietudes? ¿Qué estoy haciendo con mi vida? ¿Qué soy yo, aparte de mi imagen? ¿Dónde está todo el mundo?"

Todo te empuja a ser una chica como las que salen en las portadas de las revistas. ¡Si supieras que estas chicas hacen unos esfuerzos casi inhumanos para mantener un cuerpo y una imagen que solo son creación de las revistas y la televisión! Millones de adolescentes se debaten en una batalla contra la báscula. Esa batalla las sumerge en una plaga llamada bulimia o anorexia. Si eres una de ellas, necesitas saber que no podrás solucionar tu situación, a menos que Dios te ayude a encontrar tu verdadera identidad y llegues a conocer el propósito con el cual fuiste creada.

LO QUE SE USA

La plaga de la anorexia o bulimia utiliza como primera premisa este lema: «Destruir la vida de millones». La mayoría de sus víctimas son chicas (y a veces chicos) que corren detrás de la moda; que se quieren ver como modelos de la televisión y de las revistas. En muchos casos, su peso es menor de lo recomendado médicamente para su altura y edad. No obstante, como ya dije, el precio a pagar para verse con «lo que se usa» es una enfermiza obsesión por enflaquecer más allá de los límites normales.

Uno de los semáforos que nos permiten saber si una adolescente ya está en el tobogán de esta plaga, es cuando se la comienza a ver más delgada. Todos lo notan, pero ella todavía cree estar gorda. Se mira al espejo de perfil y se ve extremadamente gorda. Apenas una insinuación de curva en su estómago basta para generar en ella un notable estado de alteración y depresión.

Es el momento de comenzar a hacer algo. Sí, cuando se descubre esa plaga, es necesario comprender que se trata de un problema grave. Por lo general, los padres y la propia adolescente comienzan a tomar medidas cuando en realidad ya es tarde. No solo tiene ya trastornos en cuanto a la alimentación, sino también psicológicos, además de problemas de conducta en diversos aspectos. Van a hacer falta meses para desandar el camino recorrido, porque ella ahora ha convertido su cuerpo en su identidad delante de los demás, y le va a ser muy difícil aceptar otro cuerpo o ir a comprarse ropa de una talla mayor. Es una pesadilla difícil de resolver.

EL PROBLEMA DE ANA

Ana estudia primer año de secundaria, y desde que comenzó el curso escolar ha perdido mucho peso. Es una chica disciplinada y se levanta una hora antes cada día para acudir al gimnasio con su padre antes de ir al instituto. Se destaca en su clase por sus altas calificaciones. Es responsable y obediente. Su madre cuida su alimentación y acude a diferentes tratamientos estéticos. Su padre es una persona exigente con su familia.

Hace unas semanas, recibieron una llamada del instituto, porque en la clase de educación física, Ana había sufrido un descenso en la presión arterial, y se había desmayado. Su tutora aseguró que últimamente su rendimiento había disminuido y que se había aislado mucho de sus compañeras. A la hora de las comidas, Ana parte lo que le sirven en pequeños trozos, que después esparce por el plato para terminar comiendo apenas dos o tres. Se queja de que no tiene hambre, o de que le llenan demasiado el plato. Su madre le ha encontrado restos de comida en los bolsillos de la ropa. No se puede estar quieta y está siempre moviendo las piernas sin finalidad alguna.

Todo empezó cuando surgió un problema en el matrimonio de sus padres. Durante varios meses, y hasta la separación de ellos, a causa de su angustia, aumentó cinco kilos de peso. En clase, varios compañeros le comenzaron a hacer comentarios negativos sobre su aspecto. Estuvo llorando durante varios días. Nada parecía consolarle, hasta que decidió poner remedio a esa situación.

Su madre no puso inconvenientes a la hora de iniciar una dieta; le recomendó una de las muchas que ella había seguido, y en dos meses, su

UNO DE LOS SEMÁFOROS QUE NOS PERMITEN SABER SI UNA ADOLESCENTE YA ESTÁ EN EL TOBOGÁN DE ESTA PLAGA, ES CUANDO SE LA COMIENZA A VER MÁS DELGADA. TODOS LO NOTAN, PERO ELLA TODAVÍA CREE ESTAR GORDA.

peso descendió significativamente. Entonces sus amigas empezaron a decirle lo guapa y delgada que estaba, e incluso un chico se interesó por ella, y Ana se sintió profundamente recompensada. Pero al mismo tiempo le vino la idea de seguir perdiendo peso para estar más atractiva aún, y con ella, el temor a defraudar a toda aquella gente que empezaba a creer en ella.

Tenía un miedo horrible a ganar peso y contaba de forma obsesiva las calorías de todo lo que comía. Aun estando muy delgada, se veía gruesa, se le caía el pelo y estaba siempre cansada.

En su mente tenía un solo objetivo: perder peso, aun a costa de su salud. Sentía que al menos había conseguido algo en la vida: estaba delgada, y si dejaba de estarlo, ¿qué le quedaría?

EL PROBLEMA DE MÓNICA

Mónica está desconcertada. Cada día se hace el propósito de comenzar una dieta para perder los diez kilos que según ella le sobran. Sin embargo, es incapaz de conseguirlo. Su peso varía; a veces pierde un par de kilos, y a la semana los recupera. Su madre se ha dado cuenta de que en los armarios desaparecía la comida. Las galletas, los chocolates y los postres apenas duran un par de días. A pesar de esto, no sabe qué pensar, porque su hija está a dieta y no come esas cosas. Mónica es hija de padres separados, y su madre, por cuestiones de trabajo, no llega a la casa temprano.

Durante su infancia, Mónica fue una chica delgada, pero cuando alcanzó la madurez, su cuerpo cambió y aumento de peso. Desde entonces, empezó a luchar contra la báscula, y empezó a buscar la forma de perder peso rápidamente y sin sacrificio.

Hace unos meses, una compañera de la facultad le confesó que después de las comidas, a veces vomitaba. Ella estaba muy delgada, y a Mónica le pareció una idea fantástica. Así podría comer lo que quisiera y bajar de peso. Decidió seguir con su dieta y de vez en cuando comer dulces y chucherías, para luego vomitarlos.

Lamentablemente, la ansiedad no tardó en aparecer y el ansia por comer empezó a controlar su vida. Comía en exceso cada vez con mayor frecuencia y, aunque vomitaba, su peso no disminuía, por lo que ponía en marcha dietas cada vez más hipocalóricas, que hacían que el hambre y la obsesión por comer la desbordaran.

Mónica ha llegado a vomitar hasta cinco veces en un mismo día, a pesar de observar que sangra cuando lo hace, o que tiene la garganta muy irritada y se marea con mucha facilidad. Hasta el dentista le ha dicho que tiene seis caries más que el año pasado.

Cuando discute con alguien, se siente aburrida, o está en época de exámenes, lo primero que piensa es comer para

LA BULIMIA Y LA ANOREXIA

después vomitarlo. Cree que es la única forma que conoce para eliminar sus estados emocionales negativos.

Ha desarrollado un miedo exagerado hacia la comida; hay muy pocos alimentos con los que se siente segura. Mónica se odia; ha llegado a veces incluso a lastimarse. Oculta sus cicatrices con camisetas de manga larga, aun en pleno verano. Solo una amiga íntima conoce su situación. Ella cree que su único problema es ser obesa, y que a los médicos deben acudir las personas que son esqueléticas; no ella.

ESTA ES LA SALIDA

Después de leer estas dos historias, estoy seguro de que has visto reflejada en ellas alguna situación de tu vida. Tal vez hoy te des cuenta de que hay muchas chicas luchando por salir y que no eres «la única», sino que muchas ya han salido de esta plaga. ¡Hay una salida! Si hay algo que hace que la plaga anorexia-bulimia perdure en una vida es no reconocer que se está atrapado en ella. La mayoría de los jóvenes que padecen esta plaga, creen tener todo «bajo control». Piensan que cuando ellos lo decidan, dejarán de tener estos problemas de alimentación.

Esa será la mejor defensa para no reconocer el problema. Así, se seguirá agudizando un poco más cada día, hasta que pierdan por completo el control. Por eso, mi consejo es que sigas paso por paso lo que sigue:

Primer paso:

La salida consiste en reconocer lo que te sucede, ya que tal vez en otros aspectos seas alguien tan normal como los demás. No obstante, en lo oculto de tu corazón sabes la verdad. Si hay algo que Dios no puede sanar, son aquellas enfermedades que nosotros no reconocemos: *«La oración de fe sanará al enfermo y el Señor lo levantará. Y si ha pecado, su pecado se le perdonará. Por eso, confiésense unos a otros sus pecados, y oren unos por otros, para que sean sanados» (Santiago 5:15-16).*

107

Segundo paso:

Saber que para cumplir el propósito de Dios en tu vida, la clave no radica en cómo te ven los demás, sino en cómo te ve Dios. En la Biblia está la historia de alguien a quien se considera como uno de los más grandes líderes de Israel. Su nombre es Moisés. En realidad, era un hombre tartamudo, y les tuvo que llevar con sus labios el mensaje de Dios a su nación y al faraón.

«Señor, yo nunca me he distinguido por mi facilidad de palabra —objetó Moisés—. Y esto no es algo que haya comenzado ayer ni anteayer, ni hoy que te diriges a este servidor tuyo. Francamente, me cuesta mucho trabajo hablar. ¿Y quién le puso la boca al hombre? —le respondió el Señor—. ¿Acaso no soy yo, el Señor, quien lo hace sordo o mudo, quien le da la vista o se la quita? Anda, ponte en marcha, que yo te ayudaré a hablar y te diré lo que debas decir» (Éxodo 4:10).

Dios no mira lo mismo que mira el hombre. Dios mira tu corazón. Ni siquiera tiene en cuenta lo que piensas de ti misma. Él te ha hecho única e irrepetible. Entiéndelo: ¡para Dios eres muy especial!

Tercer paso:

Necesitas saber que nuestro exterior es simplemente una cáscara que cubre algo hermoso. Ese algo hermoso es nuestro interior. La «cáscara», al pasar los años, se irá desgastando hasta no ser necesaria, de manera que llegaremos al Señor con el brillo de nuestro ser interior.

«Al contrario, aunque por fuera nos vamos desgastando, por dentro nos vamos renovando día tras día» (2 Corintios 4:16). Mira a tus abuelos y fíjate en una cosa: aquello que parecía eterno no lo es. Porque es verdad que lo importante es invisible para los ojos. *«Así que no nos fijamos en lo visible sino en lo invisible, ya que lo que se ve es pasajero, mientras que lo que no se ve es eterno»* (2 Corintios 4:18). La moda cambia cada tres meses. Tal vez tengas dinero para estar a la moda, y tal vez no. Dios te ha elegido para que formes parte de un ejército que no pasa

de moda. Aunque utilicemos herramientas y armas como la música, el rap, el hip-hop o las comidas que damos en las calles, sí hay algo que no cambia: el mensaje de amor que les podemos llevar a los demás. No es la imagen; no es el «look». Es lo que está en tu corazón.

LA VICTORIA CONTRA GOLIAT

La tercera historia tiene que ver con una de nuestras guerreras, cuya vida ha cambiado. Se trata de nuestra líder de coreografía, quien ha sido rescatada de esta plaga.

«Para poder comenzar desde el principio, si es que lo hay, tengo que llevarte a mi niñez. Mi madre tuvo una infancia muy sufrida. Su padre

DIOS NO MIRA LO MISMO QUE MIRA EL HOMBRE. DIOS MIRA TU CORAZÓN. NI SIQUIERA TIENE EN CUENTA LO QUE PIENSAS DE TI MISMA. ÉL TE HA HECHO ÚNICA E IRREPETIBLE. ENTIÉNDELO: ¡PARA DIOS ERES MUY ESPECIAL!

era un jugador empedernido y llevo a su propia familia a una pobreza extrema. Mi padre es profesor de educación física. Siempre ha sido muy exigente y perfeccionista con su cuerpo y con su profesión. Cuando nací, fui la primogénita, la deseada, la primera nieta y la primera sobrina. Todas las expectativas estaban puestas en mí. Siempre tenía que ser la mejor en todo. La mejor artista, la mejor estudiante, la que siempre resplandecía en cualquier exhibición. Obviamente, mi padre, apasionado por el deporte, me inscribió en actividades que iban desde la equitación hasta el taekuondó, el patinaje artístico y la gimnasia rítmica.

»No solo controlaba mi rendimiento en estas actividades, sino que también controlaba lo que comía. Desde que tengo memoria, he estado haciendo dieta. Una de las que más recuerdo entre tantas anécdotas, era mi participación en los cumpleaños de amigos, vecinos y compañeros de escuela. Cualquier niño que es invitado a una fiesta de cumpleaños disfruta de los juegos, la comida... ¡y la torta! Esto era algo que mi papá me tenía terminantemente prohibido. En lugar de dejarme comer torta, me enviaba a la fiesta con mi ración de la tarde. A todos los cumpleaños llevaba en un recipiente un tomate y un huevo duro. Recuerdo haber visto no hace mucho tiempo una foto de uno de tantos cumpleaños en los que participé cuando niña. Todos están sonriendo y mirando hacia la cámara, pero yo tengo los ojos fijos en la torta. Aún hoy, cuando veo esa foto, me vienen a la mente muchos sentimientos que viví en aquel momento.

»Mi papá me comparaba con otros todo el tiempo, y me presionaba usando el miedo. "¿Ves a ese gordo? A ti no te falta mucho. Si no corres más kilómetros, te vas a poner así". "Si sigues comiendo pasteles, vas a terminar así". Recuerdo las situaciones en las que me decía: "Prepárate, que vamos a salir a correr". Después de una hora de estar corriendo sin parar, yo le suplicaba que me dejara descansar. La única respuesta que obtenía era: "¡Vamos, sigue corriendo!" Estos retos venían acompañados de golpes y castigos. Le había llegado a tener un temor muy grande a mi padre. Mi abuela, que conocía las exigencias de mi padre con respecto a mi alimentación, me daba cantidades excesivas de comida cuando él no estaba. En aquellos momentos ya no sabía qué estaba bien, si comer o no comer. Mi mamá solo era una espectadora en toda esta situación. Siempre fue débil en cuanto a su personalidad, y no ayudaba mucho tener una madre así, cuyo esposo no la tenía en cuenta para nada a la hora de tomar las decisiones.

»Cuando estábamos sentados a la mesa para comer, pedir un segundo plato era buscarse una respuesta a base de golpes. Todo esto causó un gran desorden en mi alimentación. La comida y la alimentación representaban para mí algo doloroso y conflictivo.

LA BULIMIA Y LA ANOREXIA

»Era tal el temor que le tenía a mi papá y a sus exigencias, que ese temor iba más allá del ámbito familiar. En muy pocos casos tuve notas bajas en la escuela, pero hubo una oportunidad en la cual sufrí un ataque de pánico al recibir un ocho de mi maestra, estando en el sexto grado. Al ver mi reacción, la maestra llamo a mi mamá, quien le confesó la dura realidad que yo vivía. Desde ese momento en adelante, las maestras trataban de compensar alguna que otra nota baja escribiendo felicitaciones en mis carpetas o dándome reconocimientos para que no sufriera las golpizas de mi papá cuando llegara a la casa.

»Cualquiera que haya compartido su infancia con un hermano o una hermana, sabe que además de las peleas y los juegos, uno comparte los secretos. A los diez años aproximadamente, el secreto que compartía con mi hermana era este: No contarle a papá que yo robaba comida, la ponía dentro de una bolsita y la guardaba debajo del colchón. Cualquier tipo de comida... Desde un filete hasta un trozo de torta. Lo guardaba todo junto. En algún momento de la madrugada, me despertaba a comer. El ruido de las bolsitas despertaba a mi hermana, y entonces hacíamos un pacto de silencio por el cual prometíamos no contarle nada a papá.

»Teniendo yo once años, mis padres se separaron. En aquel momento, mi vida se desmoronó. Mi papá, mi ídolo-monstruo, desapareció, y me dejó con una verdadera desconocida: mi mamá. Ella era una persona con la que no compartía absolutamente nada. Así comencé mi adolescencia en rebeldía para llamar la atención de mi padre, pero lo único que lograba era tener peleas constantes con mi madre.

»A raíz de su separación, mi mamá llegó a los pies de Jesús y comenzó a congregarse. Yo asistía a un colegio católico, y siempre había tratado de buscar a Dios. Tenía muy buena relación con las monjas de la iglesia del barrio.

Cuando me enteré de que mis padres ya no seguirían juntos, sentí que todo se rompía, y acudí a ellas para internarme y llegar a ser monja.

»Una chica de la iglesia a la que asistía mi mamá me dijo: "No es necesario que seas monja para servir a Dios". De esta manera llegué a la iglesia evangélica. A los trece años, a pesar de que asistía a la iglesia, no encontraba modelos a seguir, ni tampoco un contentamiento espiritual. Iba a la iglesia, porque allí tenía unos cuantos amigos y las actividades de los sábados por la tarde eran interesantes, pero seguía sin contar lo que me pasaba; seguía con mis problemas.

»Tenía tan desvirtuada mi imagen corporal, que me veía gorda y fea. Mi papá ya no estaba presente para prohibirme las cosas, pero yo misma me comencé a negar la ropa, la comida, y hasta las relaciones con mis amistades. Aún ahora, cuando veo fotos de aquellos tiempos, no puedo dejar de asombrarme de la mentira que veía en el espejo.

»Con toda mi historia sobre mis espaldas, siempre tuve grupos de amigos que tenían muy en cuenta mi opinión, y no solo la escuchaban, sino que la seguían. Es así cómo compartí la adolescencia con un grupo de once jovencitas a las cuales entrenaba y les contaba "los secretos para estar delgada y divina". La técnica que más funcionaba era la de no comer nada durante seis días, encontrarnos en la casa de alguna al séptimo día para comer todo lo que quisiéramos, y después vomitar. Yo era la líder, "el modelo a seguir" por ellas. Y no estábamos concientes de que en realidad, estábamos enfermas. Finalmente, de este grupo de once chicas solo quedamos tres; las demás murieron como resultado de la enfermedad. Una de ellas aún está en tratamiento. La segunda terminó su tratamiento y actualmente es una de las coordinadoras de aquel lugar de recuperación.

LA BULIMIA Y LA ANOREXIA

»Como consecuencia de mis actitudes, me internaron en un colegio agrario en el interior de la provincia de Buenos Aires. Vivía allí durante la semana, y viajaba a Buenos Aires para ver a mi mamá, solo cuando necesitaba dinero. Durante aquel tiempo, el monstruo pareció desaparecer, pero solo estaba esperando el momento adecuado para resurgir.

»Mi primer novio, un compañero del colegio, era buen mozo, me cuida y me amaba. Yo creía que no me lo merecía; que era demasiado para mí, porque yo era fea y gorda. Después de tres años, decidimos alejarnos. Entonces volví a Buenos Aires, donde conseguí un trabajo de muy buen nivel y muy bien pagado. Era secretaria de alto rango en una de las Universidades más reconocidas de Buenos Aires. En esta etapa conocí a Sergio. Era policía federal, mayor que yo, y al cabo de solo ocho meses, se convertiría en mi marido.

«TENÍA TAN DESVIRTUADA MI IMAGEN CORPORAL, QUE ME VEÍA GORDA Y FEA. MI PAPÁ YA NO ESTABA PRESENTE PARA PROHIBIRME LAS COSAS, PERO YO MISMA ME COMENCÉ A NEGAR LA ROPA, LA COMIDA, Y HASTA LAS RELACIONES CON MIS AMISTADES».

«Mi madre seguía igual; nada había cambiado. Por eso, vivía más en la casa de mi novio que en la mía. Por esta y otras razones, decidí comenzar un nuevo proyecto e irme a vivir sola. Mi posición económica me lo permitía, pero Sergio y sus celos no. Su padre tenía un departamento a nuestra disposición, así que me propuso que nos casáramos. Mi mayor anhelo, consciente o inconsciente, era demostrarle a mi familia, y sobre todo a mi papá, que había logrado ser feliz; que había logrado mis objetivos y mis sueños. Así fue cómo, a la semana de haber cumplido mis veintiún años, nos casamos, comenzando los peores tiempos de toda mi vida. Pasé de un sueño color de rosa a una pesadilla sin fin.

»Ya en la luna de miel comenzaron las golpizas y la violencia psicológica hacia mí. Según mi terapeuta, él tenía conmigo una patología muy seria: me amaba tanto, que creía que era mi dueño. Los celos lo cegaban de tal manera, que hacía cosas para que yo dejara de trabajar. No me dejaba dormir, y las peleas eran constantes. Así fue como poco a poco, iba rindiendo cada vez menos en el trabajo. Llegó el día en que me despidieron, muy a pesar de mi jefe, quien me quería y conocía el problema que tenía con mi marido, ya que en reiteradas ocasiones había llegado con moretones y dolores como resultado de las golpizas. Yo aseguraba que aquella etapa era pasajera; que todo terminaría pronto, algo que no sucedió.

»Terminé sintiéndome totalmente fracasada. Después de perder mi trabajo y como resultado de las golpizas e insultos que recibía, el maltrato se transformó en algo cotidiano. Comencé a callar cada vez más... y aquel monstruo que parecía haber desaparecido, resurgió y con mayor fuerza.

»Me refugié de nuevo en la comida. Comía todo lo que podía. Kilos de pan, arroz, torta, cosas fritas... Comía todo lo que podía. Mi rutina cada día consistía en comer, limpiar y atender a mi marido. Fui subiendo cada vez más de peso, abandonando mi estética a causa de mi gordura. La misma ropa siempre, rota y manchada de lejía. Ya no me importaba. Me corté el pelo como un varón, me lo teñí de color oscuro, y no me maquillaba ni me peinaba. A él no le bastaba con la humillación, y la agresión verbal y física. Comenzó a dejarme encerrada y a faltar de la casa durante las noches y durante días enteros. Cuando le preguntaba dónde había estado, solo recibía como respuesta golpizas e insultos. A estas alturas, me consideraba una mascota. Poco a poco había ido creciendo la humillación.

LA BULIMIA Y LA ANOREXIA

Primero me echó de la cama, alegando que yo estaba gorda y fea. Muchas noches tuve que dormir en la caseta del perro como castigo por no tener relaciones sexuales con él. Cuando las teníamos, no era de común acuerdo, sino que prácticamente me violaba. Me castigaba de distintas formas. Su castigo favorito consistía en dejarme en pleno invierno durmiendo con el perro durante toda la noche. Me dejaba entrar cuando él salía a su trabajo, y yo quedaba encerrada dentro de la casa.

»Pasó un año. En medio de todo aquello, ya no me dejaba dinero. No salía de la casa, a menos que él quisiera ir a algún lugar; alguna cena o algún cumpleaños al que quería asistir. Así fue como recurrí de nuevo al robo de comida. Recuerdo anécdotas de cosas sucedidas en las casas de nuestros amigos, cuando en la cena alguien preguntaba: "¿Dónde está el plato con las empanadas?" Yo lo sabía: había terminado en mi bolso. Luego llegaba a la casa, lo escondía, y comía cuando Sergio no estaba.

Durante toda aquella etapa, nadie supo nada acerca de mi pesadilla. Para todo el mundo, estaba un poco gordita. Era la gordita simpática y feliz que hacía reír a todos. La depresión y las fobias habían aumentado. Ya no quería salir; ya no tenía ropa que ponerme. En aquellos momentos, sé que pesaba unos ciento diez kilos. Esto lo sé con seguridad, porque después de ver esa cifra, no me volví a enfrentar nunca más a una báscula. No lo puedo confirmar con exactitud, pero creo haber llegado a los ciento cincuenta o ciento sesenta kilos.

»Sergio no dejó de lado sus torturas; todo lo contrario. Ahora me había puesto a dieta. ¿Cuál era la dieta? Dejarme encerrada y sola durante días. Sus visitas eran esporádicas; yo me había convertido en su "plantita". Ya no me dejaba comida ni dinero. Solo huesos y comida para perros. Era tanta mi angustia, y sentía tanta desesperación por comer, que al no tener más que la comida para perros... era eso lo que comía.

»Mi vida ya no tenía sentido. Por eso, comencé a planificar mi muerte; mi suicidio. Había decidido suicidarme, pero antes de eso, lo tenía que dejar todo limpio. Fue así como todos los días me levantaba con el plan de limpiarlo todo, hasta el último rincón de la casa. En cuanto lograra hacerlo, me iba a suicidar. Nunca pude llegar a tenerlo todo terminado, y es por eso que hoy te lo puedo contar.

»Uno de aquellos días, sentí la voz de Dios y escuché que me decía: "Isaías 54". Me quebranté. Dios me habló directamente al corazón, pero me limité a cerrar la Biblia y seguir con mi vida. Tres días después de mi cumpleaños, tuve una crisis muy fuerte. Me internaron en un centro psiquiátrico, donde la medicación que me suministraban era muy fuerte, hasta el punto de estar drogada. Esto se debía a mis amenazas de suicidio. Comenzaron a tratarme puntualmente por el problema de la bulimia y de mi sobrepeso. Eran tales el grado de ansiedad por comer que tenía y el odio que sentía a la vez por mi gordura, que llegué a lacerarme los brazos con pequeñas cortadas para dejar de sentir la necesidad de comer. Este tratamiento duró un año y medio. Mi cuerpo comenzó a cambiar y bajé muchísimo de peso. Así pasé de la bulimia a una anorexia crítica.

»Mi matrimonio continuaba, y durante ese tiempo, él no me había golpeado. La situación lo obligaba a seguir representando su papel de esposo ideal. Así fue, hasta un día en el que no lo pudo hacer más y me dio la golpiza más terrible de todas. No solo hubo golpes, sino también disparos. Esto provocó denuncias penales y mi separación definitiva. Al mes ocurrió algo que jamás me habría podido imaginar: tenía retraso en mi menstruación; estaba embarazada. Confundida por toda la situación que estaba viviendo, hablé con Sergio. Él logró convencerme, y volví a vivir con él.

LA BULIMIA Y LA ANOREXIA

»Mi estado de salud era terrible a causa de mi anorexia. En muy poco tiempo llegué a perder casi cien kilos. Como resultado de esto, mi bebé de dos meses aproximadamente, no se desarrollaba ni crecía. La amenaza de un aborto me obligó a tomar un reposo absoluto. A pesar de esto, Sergio intentó pegarme y tomé la decisión definitiva de abandonarlo. Viví durante ese tiempo con mi mamá, y la situación económica era crítica. Esto no ayudaba a mi estado de salud, que seguía invadido por la anorexia y la desnutrición para mi bebé. A los cuatro meses y medio, mi embarazo se volvió insostenible, y perdí a mi bebé.

»Dios jamás dejó de susurrarme al oído aquel Isaías 54. Mi mamá fue la estaca que Dios usó para aquellos tiempos de tormenta y desierto que estaba pasando en mi vida. Dios me ministró muchísimo a través de ella. Seguía con mi desorden en la alimentación. Después de mi embarazo, quede con diez kilos de más.

ERAN TALES EL GRADO DE ANSIEDAD POR COMER QUE TENÍA Y EL ODIO QUE SENTÍA A LA VEZ POR MI GORDURA, QUE LLEGUÉ A LACERARME LOS BRAZOS CON PEQUEÑAS CORTADAS PARA DEJAR DE SENTIR LA NECESIDAD DE COMER

»Aun con mi duelo a cuestas, decidí comenzar a estudiar lo que siempre había anhelado: el profesorado de gimnasia aeróbica. Luchando con mis miedos y fobias hacia la gente, pude llegar a completar la carrera con el mejor promedio del grupo.

»Durante ese tiempo, comencé a acercarme a Dios, y desde entonces no lo he vuelto a soltar nunca más.
Él moldeó mi vida poco a poco, y cada día me está cumpliendo todas aquellas promesas que me había hecho.
Me regaló la oportunidad de estar a cargo de un grupo

donde se utilizaba como herramienta de evangelismo el arte: la aeróbica y el hip-hop.

»El hecho de no haber podido llegar a lo que hoy tengo, provocaba en mí una sensación de fracaso. Esa sensación, unida a todos los horrores que había vivido durante mi corta vida, hizo que me refugiara en la comida. No pude dejar de hacerlo, hasta que me aferré a la única persona que me redimió y me dio una identidad nueva: Jesús.

»Mi profesión fue un enfrentamiento con mi enfermedad. Recibí gran apoyo y ayuda de mis líderes, que en aquel momento me guiaron y me acompañaron en el crecimiento espiritual. Eso es lo que me permite ser hoy en día la directora de coreo de JW y trabajar junto a cientos de jóvenes que creen que Dios puede trasformar su vida y su nación.»

LA BULIMIA Y LA ANOREXIA

¿El gran gigante a derrotar es el espejo, o será tu propia mente la que refleja unas ideas que distorsionan tu verdadera imagen? Tú eres especial para Dios y para los que te rodean. Tus verdaderos amigos y tus padres te aman por lo que eres; no por tu cuerpo, y mucho menos porque seas perfecto (o perfecta). Dios tiene un plan maravilloso para ti: «*Antes de formarte en el vientre, ya te había elegido; antes de que nacieras, ya te había apartado*» *(Jeremías 1:5)*. Él te eligió desde antes que el mundo existiera y te pensó tal como eres, para que tuvieras una vida plena con tus amigos, con tu familia, en tus estudios. Él quiere que vivas una vida abundante: «*Yo he venido para que tengan vida, y la tengan en abundancia*» *(Juan 10:10)*. Por eso quiero animarte a que te sumerjas en Dios y encuentres el maravilloso propósito que él tiene para tu vida. Dios usa adolescentes y jóvenes con problemas para llevar su gloria a otros. Aunque hoy estés en esta situación, Dios la usará para que otros conozcan tu vida y sean rescatados por su amor.

MUY IMPORTANTE:

a) Desde hoy no vas a hablar con tus amigos o conocidos de dietas, de la imagen personal ni de métodos para adelgazar.

b) Urgente: corre a un grupo pequeño de cristianos, busca allí amigos verdaderos y sal de tu pequeña isla.

c) Acepta tu figura exterior y también la de los que te rodean.

ESTE ES EL MOMENTO DEL CAMBIO. COMIENZA AHORA MISMO JUNTO A TU LIDER O PASTOR A DESCUBRIR LOS 7 PASOS PARA DESCIFRAR «LA CLAVE SECRETA» EN EL ÚLTIMO CAPÍTULO DEL LIBRO

1//¿Podré ser libre de esta plaga y mantener mi cuerpo tal como está hoy?

2//¿Por qué Dios me dio este cuerpo? ¿Por qué no me dio otro?

1// La verdad es que no lo sé. Todo dependerá de que te alimentes como es debido, y crezcas correctamente. Tal vez necesites para ello algunos kilos más. Lo que sí sé, es que tu manera de pensar va a cambiar y ya no vas a medir tu vida de acuerdo a lo que te diga un espejo, o tu propia mente. Vas a escuchar a Dios y a los que te aman. Ellos te darán su opinión sobre lo que piensan de ti y de tu cuerpo; eso te hará feliz y libre definitivamente.

2// Dios eligió a cada persona de una manera especial y le dio un cuerpo especial. Yo tengo el pelo lacio, extremadamente lacio y difícil de peinar. La realidad es que después de tantos años, ya me cansé de él. En cambio, la gente con el pelo crespo (y también Lali, mi esposa)... ¡admira mi pelo! Recuerdo haber ido a un país donde la mayoría de las personas tienen el pelo crespo. Hasta se tomaban fotos conmigo, pero no porque fuera famoso, sino por mi pelo.

¿Entiendes? Tu cuerpo es especial y único, Dios lo diseñó, y lo que a ti no te agrada, tal vez sea todo un triunfo para otros.

PARA SEGUIR MINISTRÁNDOTE, EL EQUIPO DE JESUS WARRIORS PONE A TU DISPOSICIÓN UN E-MAIL PARA COMUNICARTE CON NOSOTROS (CYBER10@JESUSWARRIORS.NET). ASÍ LES PODRÁS ESCRIBIR A LOS JÓVENES CON LOS CUALES TE SIENTES IDENTIFICADO, Y SABER QUE HAY ALGUIEN MÁS QUE HA ESTADO EN TU SITUACIÓN Y QUE VA A ESCUCHARTE, ENTENDERTE Y ENVIARTE UN MENSAJE DE PARTE DE DIOS.

LA BULIMIA Y LA ANOREXIA

especialistas al rescate

Los trastornos en la alimentación son enfermedades causadas por la ansiedad y por una preocupación excesiva en cuanto al peso corporal y al aspecto físico. Se da cuando una persona pone la comida en el centro de su vida.

La persona que padece algún trastorno en su alimentación, como la anorexia o la bulimia, le da a la comida una importancia particular y un significado específico, de acuerdo a diversos factores de su psicología y su desarrollo. Todos estos pensamientos y actos forman parte de su vida cotidiana, puesto que se siente hiperdependiente de esta idea, que a modo de parásito, parece atacarla hostilmente en cada momento y cada situación.

La comida se convierte entonces en el eje alrededor del cual giran la vida y el mundo de las relaciones para la persona enferma.

La anorexia es una enfermedad que se caracteriza por un miedo intenso a aumentar de peso y por una imagen distorsionada del cuerpo propio. Conduce a un grave adelgazamiento, debido a una dieta exagerada y a un exceso de ejercicio. Se presenta habitualmente en adolescentes, sobre todo en las mujeres.

> ENTRE EL 5% Y EL 18% DE LOS ANORÉXICOS MUEREN POR DESNUTRICIÓN.

Los pacientes también padecen a menudo de bulimia. Esta es un desorden en la alimentación causado por la ansiedad y por una preocupación excesiva en cuanto al peso corporal y al aspecto físico. Se caracteriza por la ingestión de enormes cantidades de alimentos para después provocar el vomito con el fin de permanecer delgado. Los vómitos repetidos alteran el equilibrio hidroelectrolítico, produciendo en general una hipopotasemia que puede afectar al funcionamiento cardíaco.

A veces se observa el comportamiento bulímico en los enfermos de anorexia nerviosa o en las personas que llevan a cabo dietas exageradas. No obstante, la bulimia por sí misma no produce pérdidas importantes de peso. Lo que sí produce son problemas de gastroenteritis e hipopotasemias graves.

La bulimia aparece sobre todo en adolescentes, en especial en mujeres. La aparición de estas enfermedades relacionadas con la alimentación se da especialmente en la adolescencia, entre los catorce y los veinte años, debido a que es una etapa en la que el cuerpo se está desarrollando y cambiando abruptamente, y la imagen mental que tenemos de nuestro propio cuerpo es más lenta que su desarrollo biológico.

Se debe aceptar que estas enfermedades se originan en el seno mismo de la familia. Pueden actuar como síntomas de conflictos internos personales, y también de tensiones en las relaciones interpersonales entre padres e hijos, o hermanos.

UNA DE CADA CIEN MUJERES JÓVENES ENTRE LOS DIECISÉIS Y LOS DIECIOCHO AÑOS DE EDAD, MUERE CADA AÑO AFECTADA DE ANOREXIA NERVIOSA. ENTRE EL 5 Y 15 % DE LOS CASOS DE BULIMIA Y ANOREXIA SON MORTALES.

LA BULIMIA Y LA ANOREXIA

> **CADA AÑO MUEREN EN EL MUNDO ALREDEDOR DE MIL MUJERES AFECTADAS POR ESTA ENFERMEDAD. SE HA CALCULADO QUE LA MITAD DE LAS DEFUNCIONES DE ANORÉXICOS SON CAUSADAS POR SUICIDIOS.**

Entre un 40% y un 80% de todos los pacientes con trastornos en su alimentación experimentan depresión. También es común la depresión en la familia del paciente que tiene estos trastornos.

Un estudio hecho con mujeres bulímicas no anoréxicas, refleja que el 33% consumían alcohol en exceso, y el 28% abusaban de las drogas, con un 18% de sobredosis repetidas.

La época de mayor riesgo para padecer ambas enfermedades se halla entre los doce y los veinte años.

Los hombres tienden a ocultar más que las mujeres sus trastornos en la alimentación. Un estudio reciente entre hombres con este tipo de trastornos indica que el 42 % de los que tenían bulimia eran homosexuales o bisexuales, mientras que el 58% de los hombres con anorexia indicaron que eran asexuales.

Un estudio efectuado en un colegio secundario, indica que el 2.7% de las niñas y el 1.4% de los niños presentaban comportamiento bulímico.

La anorexia nerviosa se halla en tercer lugar dentro de las enfermedades crónicas comunes entre los adolescentes. Se calcula que se presenta en un porcentaje del 0.5% al 3% de todos los adolescentes.

BULIMIA

Conductas patológicas

Formas de conducta patológicas en la bulimia y la anorexia La preocupación constante por la comida (hablar del peso, las calorías, las dietas y demás). Excesos al comer; se come de una forma compulsiva; se esconde la comida. Miedo a aumentar de peso. Se evita la asistencia a restaurantes, fiestas y reuniones donde exista una obligación social de comer. La persona entra al baño después de comer. Se provoca los vómitos; abusa de los laxantes o los diuréticos. Usa fármacos para adelgazar. Hace dietas rigurosas y rígidas. Tiene una conducta adictiva con edulcorantes.

Señales fisiológicas

Inflamación de las parótidas. Pequeñas rupturas vasculares en la cara o debajo de los ojos. Irritación crónica de la garganta. Fatiga y dolores musculares. Pérdida inexplicable de piezas dentales. Oscilaciones de cinco a diez kilos en el peso).

Cambios de actitud

Modificación del carácter (depresión, sentimientos de culpabilidad u odio a sí mismo, tristeza, sensación de descontrol, etc.). Severidad al criticarse a sí mismo. Necesidad de recibir la aprobación de los demás con respecto a su persona.

ANOREXIA

Conductas patológicas

Una conducta de restricción continua en cuanto a los alimentos (poca cantidad de comida) o la realización de dietas excesivamente fuertes. Creación de «rituales» con la comida, como los de contar las calorías, dividir la comida en trozos pequeños, preparar comida para otros y comérsela, etc. Un miedo intenso a engordar, en una lucha continua por mantener el peso por debajo de lo normal. Temor a verse obligado a comer en sociedad (fiestas, reuniones familiares, etc.). Hiperactividad (excesos en la gimnasia o en otros deportes). Tendencia a disimular el cuerpo debajo de unas ropas holgadas. Rechazo al uso de un bañador, porque hace que se vea su cuerpo. En ocasiones, excesos en las comidas, y uso de laxantes o diuréticos. Abuso de edulcorantes.

Señales fisiológicas

Pérdida progresiva de peso (con frecuencia a lo largo de un período breve). Falta de menstruación o retraso en su aparición sin causa fisiológica conocida. Palidez, caída del cabello, sensación de frío y dedos azulados. Debilidad y mareos.

Cambios de actitud

Cambio de carácter (irritabilidad, ira). Sentimientos depresivos. Inseguridad en cuanto a sus capacidades. Sentimientos de culpabilidad y desprecio a sí mismo, por haber comido o por estar haciendo ayuno. Aislamiento social.

SÉPTIMA **PLAGA**

LA VIOLENCIA
FAMILIAR
//LA HISTORIA QUE SE REPITE//

#07

LA VIOLENCIA FAMILIAR

Es una noche como muchas otras, la mamá ya había preparado la cena con mucho cuidado y amor, ya que a su esposo le gustaba cierta comida, y que estuviera preparada de una manera especial. Les había dicho a sus hijos que hacía falta que se portaran bien, porque su padre regresaba del trabajo tarde y muy cansado. Los tres hijos, de doce, diez y cinco años, estaban muy nerviosos y casi aterrorizados por la llegada de su padre, pero su mamá estaba decidida a lograr que aquella noche fuera diferente; que comenzara algo nuevo en la vida de su familia. Comenzó a ordenar la mesa y a poner los platos y las demás cosas junto al mayor de sus hijos varones, mientras le comentaba a su hija que no le debía contestar a su padre si él se enojaba por alguna situación, ya que desde hacía algunos años, él se había convertido en un hombre con poca paciencia para su familia.

Llegó la noche. La madre y los hijos escucharon el timbre de la puerta y se prepararon para una cena diferente. La esposa salió a recibir a su marido con cariño; todo lo que hizo él fue comentarle que había tenido un día difícil.

En diez minutos, todo estaba preparado. La mesa estaba puesta y los chicos en su lugar. Él encendió el televisor como de costumbre y no quiso que ningún chico le hablara. Se sentó en el extremo de la mesa y desde allí les comenzó a dar órdenes a su esposa y a su hija mayor. A esta última, le alzó la voz porque no le había puesto la sal en su lugar, pero después, un silencio sepulcral invadió la mesa; solo se escuchaba la televisión. Todo iba bien, hasta que el pequeño de diez años empujó con el codo un vaso y se derramó la gaseosa sobre la mesa. Casi como si una bomba hubiese estallado, el padre comenzó a gritar y a recriminarle al niño que «siempre hacía lo mismo», y continuó con otros insultos. Comenzó a recriminarle a la madre lo «mal educados» que estaban los chicos.

La hija mayor no soportó más, por lo que le comenzó a gritar al padre, reclamándole y diciéndole que para lo único que estaba era para recriminarles los pequeños defectos, que él «agrandaba» para tomar represalias y descargar sobre ellos su enojo. En ese instante, casi como un resorte, el padre se levantó, golpeando la mesa, y le gritó a su esposa que lo que ocurría era por su culpa y porque los había criado para que lo odiaran a él. Se acercó despacio hasta donde ella estaba, y la golpeó en la cara. La hija más grande se abalanzó contra él para detenerlo y golpearlo; el hijo segundo salió corriendo de la casa para irse a la casa de un tío que lo amaba mucho, y el más pequeño se metió debajo de la mesa y allí se quedó, llorando sin consuelo.

Esta historia se parece a miles de historias que se producen en nuestras familias. Aunque todas son diferentes, en esencia son casi idénticas. La violencia genera más violencia, y aquellas cosas que no podemos sanar en nuestro corazón, tarde o temprano saldrán a la luz. *«No hay nada escondido que no esté destinado a descubrirse; tampoco hay nada oculto que no esté destinado a ser revelado»* (Marcos 4:22).

LA HISTORIA SE VUELVE A REPETIR

Todas las situaciones que hemos vivido durante nuestra niñez se van a reflejar en nuestra vida adulta. Nuestra forma de encarar las situaciones tiene que ver con nuestra vida familiar. En la historia anterior encontramos cuatro víctimas, y vamos a mirar sus vidas veinte años después. La mamá se quedó sola con su marido, pero está convencida de que «fracasó». Había elegido al hombre que no debía, y se tendría que haber dado cuenta durante su noviazgo, en el cual él había sido sumamente celoso.

La hija más grande es una luchadora. Tal como lo hizo con su padre, se enfrenta a todos los problemas a los golpes. No se detiene ante nada, aunque a veces se violenta con sus hijos. Toma medicamentos para los nervios.

El segundo hijo vive bajo la dependencia de psicofármacos. Si hay algo que le ha costado, es tomar la responsabilidad en la vida y adquirir compromisos de cualquier tipo. Cada vez que se encuentra en una situación en la que se ve en peligro, o a la que se debe enfrentar, como el matrimonio, los estudios y cosas similares, se vuelve a escapar, como lo hacía de niño. Por último, la vida del más pequeño es la más triste de todas, ya que vive sumergido en la depresión y es muy melancólico. Es más, se halla metido en un largo tratamiento para salir del alcoholismo. Indefectiblemente, todas las personas que han sido víctimas de la violencia verbal o física llevan las marcas en su personalidad y en la forma de enfrentarse a las situaciones de su vida. Borrar las marcas que nos han dejado nuestros seres queridos es una labor muy difícil. Mucho más si tenemos en cuenta que esas marcas nos fueron hechas durante la niñez.

La realidad es que esta plaga nos ataca de nuevo en nuestra adolescencia o juventud. Les he ministrado a muchas parejas de

LA VIOLENCIA GENERA MÁS VIOLENCIA, Y AQUELLAS COSAS QUE NO PODEMOS SANAR EN NUESTRO CORAZÓN, TARDE O TEMPRANO SALDRÁN A LA LUZ.

novios que comienzan a golpearse, a veces por pequeños celos, y que llegan a límites insospechados de violencia y amenazas de muerte. Todo comienza como un juego de celos, y te aseguro que es más común de lo que parece. No juegues con fuego.

PALABRAS QUE HIEREN COMO CUCHILLOS

En muchas ocasiones, no se miden las consecuencias que producen las palabras expresadas con la intención de castigar o de insultar.

La violencia más común en las familias es la verbal, la que se ejerce de forma rápida y destructiva por medio de palabras. *«Pero nadie puede domar la lengua. Es un mal irrefrenable, lleno de veneno mortal. Con la lengua bendecimos a nuestro Señor y Padre, y con ella maldecimos a las personas, creadas a imagen de Dios. De una misma boca salen bendición y maldición. Hermanos míos, esto no debe ser así»* (Santiago 3:8-10).

La mayoría de los padres no comprenden el peso que

tienen ciertas cosas que dicen. Como muestra basta con expresiones como aquellas de «siempre el mismo tonto», «nunca lo harás bien», «eres igual a tu padre», «cada vez que se te encarga algo, haces lo mismo», o los insultos utilizados para cambiar la actitud de alguien, ya sea un hijo, la esposa o el esposo. Las palabras tienen poder. Definitivamente, hemos aplaudido puestos de pie los mensajes más maravillosos, y nos hemos sentido como caminando entre las nubes al salir del auditorio o de la iglesia. Sin embargo, solo han sido palabras. En cambio, nos sentimos la más miserable de las criaturas el día que nuestra novia o nuestro novio nos ha dicho que ya no nos quiere como antes, ¿no es así? *«Que sus palabras contribuyan a la necesaria edificación y sean de bendición para quienes escuchan» (Efesios 4:29).* Las palabras dichas con violencia son como un latigazo dirigido a nuestra mente y nuestro corazón. Duelen mucho más que los golpes, porque sus marcas quedan grabadas en nuestra vida, tal vez hasta la misma muerte. *«En la lengua hay poder de vida y muerte» (Proverbios 18:21).* Los padres «implacables» o «perfectos» son los que generan en sus hijos los castigos más difíciles de sobrellevar. Es casi como si esos hijos debieran vivir solo para complacerlos en todos sus deseos, o como si proyectaran en ellos sus propios fracasos y los presionaran para que triunfaran donde ellos no lo han logrado. Les dicen lo que deben estudiar y lo que deben llegar a ser, y no admiten errores. Te comento que veo a diario un ejemplo de esto. Mi hijo mayor jugó al baby-fútbol en un club de primer nivel de nuestro país. Al comenzar los partidos, los chicos estaban muy felices por salir a jugar , y la emoción se apoderaba de todos. A los pocos minutos, los padres los comenzaban a presionar de forma abrupta y con el único objetivo de ganar a cualquier precio. Si cometían algún error, les gritaban y hasta los insultaban. ¡Increíble! Y si llegaban a perder, la tristeza que tenían daba la impresión de que estaban en un velorio, además de que los recriminaban como si hubieran estado jugando en la selección nacional... ¡con solo nueve años!

EL AMOR DEL PADRE

«No le puedo perdonar a mi padre lo que me hizo», me gritó Rubén cuando estábamos en una entrevista. «Me castigaba casi todos los días. Me llevaba al baño de mi casa y me hacía arrodillar sobre granos de maíz durante treinta minutos. Y si lloraba, o me llegaba a ir, me ponía más castigos. Me pegaba con la hebilla del cinturón y me marcaba las piernas. Por eso he usado pantalón largo durante casi toda mi vida.» Cuando Rubén me planteó este problema, solo tuve una respuesta, y fue amarlo. Desde aquel día, me comprometí a ser su papá y amarlo como Dios me había amado a mí y me había restaurado.

Lo primero que aprendimos juntos es que su papá nunca le pudo dar lo que no tenía. En realidad, nadie puede dar lo que nunca ha recibido. Él había sufrido castigos similares por parte de sus propios padres, y creía que aquella era la mejor manera de criarlos. Él había recibido violencia, y ahora les estaba dando a sus hijos de lo que había recibido. La segunda cosa que aprendimos fue a perdonar, tal como Jesús lo hace con cada uno de nosotros. Él nos perdonó con cada latigazo y cada golpe que recibió en su crucifixión. Su muerte fue realmente violenta y propiciada por todos y cada uno de nosotros. Sin embargo, respondió con su infinito amor: «Cuando llegaron al lugar llamado la Calavera, lo crucificaron allí, junto con los criminales, uno a su derecha y otro a su izquierda.

—Padre —dijo Jesús—, perdónalos, porque no saben lo que hacen» (Lucas 23:33). Casi estaba diciendo lo mismo: «Perdónalos, porque no pueden dar lo que no tienen».

La salida más fácil a la violencia es más violencia. Esto sucede en gente a la que Dios no puede llegar. En cambio, aquellos que dejan que Dios los abrace en su amor como un padre, comienzan a bajar las defensas y dejan de pelear contra el gigante de la ira y la venganza. Para dar paso a una nueva manera de vivir, es necesario experimentar el perdón de Dios; solo de esta manera es posible perdonar a los demás. No he encontrado otra manera de poder perdonar. Dios sale al encuentro de aquel que necesita recibir su amor, para que después de haber recibido ese perdón suyo «que sana las heridas más profundas», pueda dar lo que ya él recibió. El tercer punto que aprendimos fue que necesitamos abrir el corazón para contar lo que nos sucede por dentro, si estamos a punto de estallar en alguna situación. Dios nos quiere escuchar, y ha puesto en nuestro camino algún líder o pastor para que lo compartamos con él y sepamos que en este camino de la vida, estamos todo el tiempo aprendiendo. Nuestro Padre celestial no nos está «vigilando» para ver si nos equivocamos, con el propósito de castigarnos después, sino que su amor nos ayuda a vivir y a enfrentar la vida, acompañados por su amoroso abrazo, lleno de comprensión y de ternura. *«Así que no temas, porque yo estoy contigo; no te angusties, porque yo soy tu Dios. Te fortaleceré y te ayudaré; te sostendré con mi diestra victoriosa»* (Isaías 41:10). Casi de forma milagrosa, cuando contamos estos hechos horribles entre lágrimas, la sanidad de Dios comienza a llegar a nosotros. Pienso que lo debemos compartir absolutamente todo. Esa es la primera señal de la sanidad. En realidad, creo que Dios nos creó para ser familia en Cristo Jesús, y que la sanidad total se produce en nosotros cuando estamos sobre los hombros de nuestro hermano; cuando ese hermano enjuga con su amor nuestras lágrimas.

GOLPE A GOLPE

«Quiero compartir contigo mi historia. Me llamo Susana, y a los catorce años de casada me di cuenta de que mi vida estaba terriblemente marcada por los efectos de la violencia. Veía las marcas en mis manos, en mis piernas, en mis huesos, y en la mirada de mis hijos.

«Ya hace cuatro años que no vivimos con mi esposo. Me tuve que escapar de él con mis hijos. Nos escondíamos de él en casas de amigas o de familiares, hasta que él nos descubría y otra vez había que dejarlo todo y cambiar de refugio. La primera vez se trató de un bofetón, seguido por un pronto arrepentimiento. En ese momento me resultaba inocente, porque "me pedía perdón enseguida y me juraba delante de mis hijos que nunca más me volvería a pegar". Aquello fue solo el comienzo.

«Él quería que yo estuviera todo el tiempo en casa; que no saliera a la calle, porque se enfermaba de celos. Quería que siempre estuviera con él, pero el fin de semana era para salir él siempre solo o con sus amigos, y ni aparecía por casa. Recuerdo que una noche llegó drogado. Se puso tan violento conmigo, que para no golpearme rompió el televisor y todo lo que vio a su alcance. La casa quedo destrozada. Le quiso pisotear la cabeza a la bebé, porque decía que no era de él. Pensaba que yo lo engañaba; estaba totalmente enfermo de celos. Después trató de asfixiarme con la almohada, me quemó los brazos con un cigarrillo y me dio golpes. Todo esto pasaba mientras los niños dormían, hasta que escucharon los gritos y empezaron a

CASI DE FORMA MILAGROSA, CUANDO CONTAMOS ESTOS HECHOS HORRIBLES ENTRE LÁGRIMAS, LA SANIDAD DE DIOS COMIENZA A LLEGAR A NOSOTROS. PIENSO QUE LO DEBEMOS COMPARTIR ABSOLUTAMENTE TODO. ESA ES LA PRIMERA SEÑAL DE LA SANIDAD.

llorar. Esa misma noche los vestí y me fui con ellos a la casa de mis padres. Él nos buscó varios días. Llamaba a mis padres para decirles que me iba a matar cuando me encontrara. Las amenazas eran constantes.

»Era mucha la impotencia que había en mi interior. No encontraba una salida. Mi desesperación llego a tal punto, que tres veces intenté dispararle con el revólver. Gracias a Dios, la bala nunca llegó a salir.

»Una y otra vez no dejaba de sorprenderme al pensar cómo pude estar tantos años con aquel monstruo; cómo permití que mis hijos vieran aquello y vivieran en ese infierno. Todo era visible: los cortes en las manos para que me desangrara, los golpes en la espalda, las quemaduras, las piernas llenas de moretones, el rostro oculto tras un par de lentes oscuros... Sin embargo, el miedo no me paralizó y pude hacer las denuncias correspondientes, a pesar de que las cosas no se solucionaban.

»Mi mayor temor eran mis hijos. Cómo se irían a desenvolver en el día de mañana; qué consecuencias podrían haber quedado después de todo lo vivido. Después que su padre no nos volvió a molestar nunca más, la peor marca quedó grabada en las mentes de ellos, y eso me atemorizaba. Mi vida comenzó a cambiar cuando conocí al verdadero amor; aquel que nunca dejaría que me lastimaran; aquel que me ama tanto y no se fija en mi pasado. Tuve un encuentro con Dios, y desde ese mismo momento, él sano mis heridas. Así fue como me pude volver a valorar como mujer y como madre. Mis hijos han formado parte de este cambio, y cada día le agradezco a Dios que nos haya rescatado y que podamos estar seguros en sus brazos.»

LA VIOLENCIA FAMILIAR

Ya lo sé. Los golpes te han dolido y mucho. Peores todavía son aquellos golpes que te dieron con palabras, y que aún retumban en tu mente cada vez que debes tomar una decisión importante. Impotencia, ira y venganza es lo que siente tu corazón. No obstante, también debes saber que esa es la combinación perfecta para mantenerte dentro de un infierno viviente de heridas abiertas. ¿Quieres vivir así toda la vida? Por eso te traigo un mensaje muy interesante de parte de Dios: «Ciertamente él cargó con nuestras enfermedades y soportó nuestros dolores... Él fue traspasado por nuestras rebeliones, y molido por nuestras iniquidades» (Isaías 53:4-5). Jesús ya llevó nuestros dolores, con el único propósito de que tú no tengas que cargar con ellos. Solo quiere que seas libre de esta plaga, dando el primer paso hacia tu liberación: recibir el amor de Dios por medio de su abrazo. «Porque tanto amó Dios al mundo, que dio a su Hijo unigénito, para que todo el que cree en él no se pierda, sino que tenga vida eterna» (Juan 3:16).

Te sugiero que tomes en este momento un papel donde puedas escribir por última vez aquellas cosas que todavía recuerdas: escenas que tienes grabadas en la mente, golpes, castigos, gritos o frases que todavía hoy te duelen. Después, entrégale este papel a tu líder o pastor. Oren juntos, entregándole a Dios cada una de esas situaciones. Dile que desde este día le entregas el dolor y los deseos de venganza, para comenzar una nueva etapa en tu vida.

¡Felicitaciones! Si lo has hecho, has comenzado el camino hacia la libertad.

ESTE ES EL MOMENTO DEL CAMBIO. COMIENZA AHORA MISMO JUNTO A TU LÍDER O PASTOR A DESCUBRIR LOS 7 PASOS PARA DESCIFRAR «LA CLAVE SECRETA» EN EL ÚLTIMO CAPÍTULO DEL LIBRO

1// ¡Se merece que Dios lo castigue por lo que me hizo! ¡Que pase lo mismo que yo pasé!

2// Soy un pobre hombre que nunca ha tenido suerte en la vida. Nací para perder.

1// Uno de los sentimientos más comunes es el afán de venganza, porque si hay algo que nos sale del corazón es aquella vieja frase de «ojo por ojo y diente por diente». Tal vez creas que es justo que Dios castigue a esa persona de la que te quieres vengar. Te vuelvo a repetir que nadie puede dar lo que no tiene. Tu agresor necesitaba amor y nadie se lo dio; él también necesita el amor de Dios.

2// Nunca ha nacido nadie con «mala suerte». Tú naciste para vivir una vida llena de Dios: «Yo he venido para que tengan vida, y la tengan en abundancia» (Juan 10:10). Si dejas que el amor de Dios te abrace a partir de hoy, te aseguro que tu «suerte» habrá cambiado para toda la eternidad.

PARA SEGUIR MINISTRÁNDOTE, EL EQUIPO DE JESUS WARRIORS PONE A TU DISPOSICIÓN UN E-MAIL PARA COMUNICARTE CON NOSOTROS (CYBER10@JESUSWARRIORS.NET). ASÍ LES PODRÁS ESCRIBIR A LOS JÓVENES CON LOS CUALES TE SIENTES IDENTIFICADO, Y SABER QUE HAY ALGUIEN MÁS QUE HA ESTADO EN TU SITUACIÓN Y QUE VA A ESCUCHARTE, ENTENDERTE Y ENVIARTE UN MENSAJE DE PARTE DE DIOS.

especialistas al rescate

La violencia se presenta en todos los niveles de la sociedad. No aparece solo en las familias de bajos recursos económicos, sino también en las que tienen un alto nivel adquisitivo.

_ Otra causa de este problema son los medios de comunicación. En la televisión se glorifica la violencia, y los estereotipos que se nos presentan son violentos.
_ Los niños suelen absorber entre cuatro y seis horas diarias de televisión, y hay ciertos programas infantiles en los cuales aparece un acto de violencia cada ocho segundos.
_ Esto impacta en el cerebro de los chicos como si fuera la memoria de una computadora y después ellos lo sacan a la luz y lo actúan.
_ En el mundo, una hora de televisión contiene como promedio entre cinco y diez escenas violentas, presentadas en su mayoría como agradables o buenas.
_ Los personajes de acción como el «Terminator», son conocidos por el 88% de los jovencitos en el mundo entero, y el 22 % de ellos los toman como modelos de conducta.
_ Para el 44 % de los jovencitos no existen grandes diferencias entre la percepción de su realidad y lo que ven en la pantalla.

Muchos creen que los golpes constituyen la única forma de violencia. Sin embargo, hay otro tipo de violencia que también les hace daño a las personas: la violencia psicológica o verbal.

MANIFESTACIONES:

• El abuso verbal: rebajar a la persona, insultarla, ridiculizarla, humillarla, utilizar juegos mentales e ironías para confundirla, etc.

• La intimidación: asustar a la persona con miradas, gestos o gritos. Arrojarle objetos o destrozar sus propiedades.

• Las amenazas: decirle que la va a herir o a matar, o que se va a suicidar, o llevarse a los niños.

• El abuso sexual: la imposición del uso de anticonceptivos, las presiones para que aborte, el menosprecio sexual, la imposición de relaciones sexuales contra su voluntad o contrarias a la naturaleza.

• El aislamiento: un control abusivo sobre la vida del otro, mediante la vigilancia de sus actos y movimientos, escuchando sus conversaciones, impidiéndole cultivar sus propias amistades, y demás.

• El desprecio: tratar al otro como inferior; tomar las decisiones importantes sin consultar con él.

Las víctimas del maltrato verbal piensan muchas veces que ese maltrato no es lo suficientemente grave como para tratar de hacer algo por impedirlo. Hay quienes temen que no les creerán si denuncian al abusador, porque a menudo este goza de una buena imagen pública.

La mujer que es golpeada, tiene miedo a las represalias por parte del agresor, ya que este la amenaza a menudo con matarla. Otras temen enfrentar la vida solas, o simplemente, no tienen los medios necesarios para hacerlo.

A veces, alguien que la víctima respeta le dice que debe permanecer en esa relación abusiva «por el bien de sus hijos».

Todas estas mujeres tienen en común una baja autoestima así como una incapacidad para poner límites, porque vienen arrastrando problemas emocionales desde su niñez. A menudo, la raíz de la violencia, tanto para la víctima como para el que abusa de ella, es el vacío afectivo. Es decir, que hubo falta de amor y atención en su niñez.

Mientras no se conozcan los hechos, ninguno de ellos

recibirá ayuda. No se les hace ningún favor a los miembros de una familia que está en estas circunstancias cuando se les ayuda a mantener esta horrible situación en secreto. Se les debe motivar a obtener la ayuda de un pastor o de un psicólogo.

El hecho de continuar permitiendo este tipo de abusos tiene graves consecuencias, sobre todo para los niños. Muchas de esas consecuencias solo se manifestarán al cabo de un buen número de años. A veces, los niños se convierten a su vez en abusadores, y las niñas en víctimas, igual que su mamá. Los niños que crecen en hogares violentos tienen una gran probabilidad de ser criminales en el futuro. En estos últimos tiempos son frecuentes las noticias sobre mujeres heridas o golpeadas, que han buscado ayuda. En su noviazgo «no cristiano» se producían ciertos detalles que ellas habían pasado por alto, y esto no les había permitido darse cuenta de lo que vendría después. Cuando uno se enamora, lo suele ver todo «color de rosa». La figura de la otra persona aparece ante nuestros ojos como perfecta. Si le vemos algún pequeño defecto, corremos inmediatamente a buscar una justificación, o lo vemos como un asunto pasajero.

Detallaremos brevemente las fases de la violencia.

1. La primera fase es un abuso psicológico que termina en una explosión de abusos físicos: heridas y golpes.

2. La segunda parte de ese ciclo se llama el período de reconciliación. El hombre al principio se da cuenta de lo que ha hecho, y entonces se disculpa. Hace todo lo que puede por convencerla de que la ama verdaderamente, sobre todo si ella amenaza con separarse de él. Esta conducta «cariñosa» completa la victimización.

3. La tercera fase es un período de ambivalencia. La mujer no sabe qué hacer. Se dice a sí misma: «Sí, me golpeó, pero por otra parte es cariñoso.

Empiezan las tensiones, me acaba de traer unas flores...» crecen otra vez, y ya el espacio entre la primera golpea- dura y la segunda se hace más corto. A continuación, se repite otra vez el ciclo.

El hombre que golpea a su esposa, sobre todo si lo hace varias veces, no se va a curar a menos que se someta a un tratamiento. Nadie debe esperar que se cure. Si ella permanece junto a él, el ciclo va a comenzar de nuevo y las golpizas van a ser cada vez más repetidas.
Además de esto, la motivación va a disminuir cada vez más en la mujer, que al principio tuvo ese deseo de sepa- rarse o de pedir auxilio. Va creciendo su falta de esperan- za; ya no tiene fuerzas para protestar. Se vuelve pasiva y «sumisa», no con la sumisión del Evangelio, sino con la de una esclava.

Estadísticas sobre la violencia en Latinoamérica

Bolivia:
En el 66% de los 1,500 casos de agresión física denun- ciados, un 60.7% de las mujeres fueron agredidas por su cónyuge, un 22.6% fueron violadas, y un 16.7% fueron agredidas por otros familiares o vecinos.

Chile:
En Santiago, el 80% de las mujeres han sido víctimas de abuso físico, emocional o sexual por parte de su compañe- ro o de un familiar.

Colombia:
El 65% de las mujeres afirman haber sido golpeadas por su marido o compañero.

Costa Rica:
El 95% de las madres jóvenes son víctimas de incesto.

LA VIOLENCIA FAMILIAR

Nicaragua:
El 52% de las mujeres de Managua sufren algún tipo de violencia a manos de su pareja.

Perú:
El 70% de todos los crímenes denunciados a la policía son casos de mujeres golpeadas por su marido.

OCTAVA **PLAGA**

EL ALCOHOL
//CAÍDA LIBRE//

#08

EL ALCOHOL

Un tango muy conocido en Argentina canta: «Por una cabeza de un noble potrillo». De esta forma cuenta la increíble historia de un hombre que pierde todo su dinero en las carreras de caballos, haciendo unas apuestas en las que no se puede controlar, y arruinando definitivamente su vida. Ha quedado atrapado, y no puede salir.

Esta triste historia se repite en todos aquellos que se han jurado una y mil veces no volver a beber «la primera copa». Por razones incomprensibles y oscuras, el alcohólico pierde la capacidad de elegir y aunque conoce la vergüenza y el sufrimiento que esto provoca, ya no podrá detener su caída libre hacia el abismo.

Si hay algo que detiene completamente la recuperación, suele ser su entorno. Al contrario de lo que sucede con las otras plagas, uno se puede alejar del alcohol fácilmente, tomando «la decisión» y ya está. No obstante, nadie más que un alcohólico sabe que esa «decisión» no es suficiente, y que la mayoría de las veces, la «endemoniada» botella esclaviza una vez más a su presa.

El alcohólico se tiene que enfrentar a frases como aquellas de: «Yo puedo dejar de beber cuando quiero. ¿Por qué tú no haces lo mismo?». «Solo necesitas fuerza de voluntad para poder cambiar». «¿Por qué no lo dejas? ¿No te das cuenta de que estás perdiendo a tu familia?»

Casi como gritando en silencio, el alcohólico sabe estas cosas y pide ayuda, pero solo recibe recomendaciones que lo hunden cada vez más.

La verdad es que, en general, son hombres sensatos y equilibrados, con excepción de lo que tenga que ver con el alcohol. Además, tienen un verdadero talento para emborracharse en el momento más inoportuno, y en particular, cuando tienen una decisión muy importante que tomar. Se van convirtiendo en hombres egoístas y con una terrible falta de integridad, hasta llegar a ser perfectos desconocidos.

LOS PRIMEROS PASOS

Tal vez lo que has leído hasta ahora te parezca muy fuerte, o casi una locura a la cual nunca has llegado aún. En realidad, crees que no pasará jamás en tu vida. Te tengo una noticia; todo es parte de un proceso y de una especie de tobogán sin retorno que va destruyendo todo lo que encuentra a su paso para sumergirte en el más oscuro de los abismos.

«Todo comenzó con aquellos primeros tragos con mis amigos en la barra de la bolera. Nos divertíamos toda la noche, haciendo apuestas solo acerca de nuestra hombría. Las apuestas tenían que ver con mezclar en los tragos cosas más fuertes todavía y quedarse en pie, o por lo menos, lo más sobrio posible. Así se superaba la prueba de hombría, de la cual salí victorioso muchas veces.

»La realidad es que esto no me llevaba a tomar durante la semana; ni siquiera pensaba en ello. Además lo creía muy divertido. Se producía en mí como una especie de amnesia y de liberación cuando me sentía alcoholizado en las fiestas, donde el alcohol me hacía sentir que era alguien importante entre mis amigos.

»El primer síntoma lo tuve con el problema de mis padres. Ellos se peleaban una y otra vez, y no me entraba en la cabeza la idea de que se fueran a separar. No quería que eso sucediera, pero tampoco era mucho lo que yo podía hacer. Así fue como recurrí por primera vez a la ayuda que me proporcionaba el alcohol para intentar olvidarme del dolor, o por lo menos "anestesiar" dolor con dolor, con un trago cada vez más fuerte.

»Mi noviazgo calmó un poco esta ansiedad y el dolor de la separación, de manera que me hizo olvidar por completo el refugio en las bebidas. Comencé una relación de pareja muy linda, que mantuve por algunos años. Al primer año de casado, empecé a tener problemas matrimoniales a los que no sabía cómo enfrentarme. Esto me llevó a refugiarme en las bebidas otra vez, aunque de forma moderada. Los problemas fueron creciendo en mi matrimonio, y con ellos iba creciendo mi dependencia del alcohol para poder sobrellevar las situaciones. Lo que me había prometido que nunca iba a vivir, me estaba ocurriendo. El hombre de las decisiones, ahora tenía temor. Parecía tratarse de una ley: para sentir valentía, tenía que recurrir al alcohol.

»El alcohol trajo a mi matrimonio violencia, angustia, soledad y por fin, depresión. Aquello que comenzó como un juego, ha terminado hoy en una tragedia que solo Dios puede cambiar.»

Esta historia refleja la realidad de miles de jóvenes y adolescentes que hoy caminan hacia ese mismo destino, creyendo que todo forma parte de un juego. Un juego que le ofrece diversión y bienestar a quien lo comienza, pero que se va convirtiendo en un monstruoso camino de destrucción y soledad, del cual es imposible volverse atrás por sus propias fuerzas. Así, se ven obligados a transitar toda la vida por ese camino, junto a

ASÍ FUE COMO RECURRÍ POR PRIMERA VEZ A LA AYUDA QUE ME PROPORCIONABA EL ALCOHOL PARA INTENTAR OLVIDARME DEL DOLOR, O POR LO MENOS «ANESTESIAR» DOLOR CON DOLOR, CON UN TRAGO CADA VEZ MÁS FUERTE.

la gente que ha vivido situaciones parecidas. Al final, solo hallarán una salida si se toman de la mano de Dios.

SOY ALCOHÓLICO

Tal vez la más difícil decisión de alguien que ha sido afectado por esta plaga, es reconocer de forma definitiva que se ha convertido en un alcohólico. Alguien muy sabio dijo: «La prueba es muy fácil. Siéntate a beber en algún bar, y después de la segunda copa, di: "Ya basta". Si eso no te produce problemas, es que todavía estás a tiempo, aunque si has hecho la prueba, es porque tienes dudas sobre el poder del alcohol en tu vida. Haz la prueba más de una vez y los resultados los tendrás a la vista».

El primer paso hacia la recuperación es admitir definitivamente en lo más profundo de tu ser que eres una persona que depende del alcohol. Tienes que desistir de esa idea de que eres igual que los demás bebedores, que solo disfrutan de unos cuantos tragos para acompañar las comidas.

La mayoría de los alcohólicos han intentado todo tipo de métodos para dejar el alcohol, con tal de demostrarse a sí mismo que no son lo que son: no mezclar diferentes clases de bebidas, limitar el número de copas, nunca beber solo, nunca beber por la mañana, beber solamente en casa, nunca beber en las horas de trabajo, hacer ejercicio físico... así podríamos hacer una lista interminable de autodisciplinas que, a la larga o a la corta, terminan fracasando. Por eso quiero relatarte la historia verídica de alguien que en realidad, nunca creyó que era alcohólico, aunque sí tenía algunos síntomas. Esta es su historia, contada con sus propios labios: un hombre que creyó que el conocimiento de sí mismo y su autodisciplina lo arreglarían todo.

TODO BAJO CONTROL

«Sentía que tenía todas las razones para tener confianza en mí mismo; que solo era cuestión de ejercer mi fuerza de voluntad y de mantenerme alerta. En ese estado de ánimo, me dediqué a mis negocios y todo fue bien. No tenía dificultad en rechazar las copas que me brindaban, y empecé a pensar si no habría estado complicando un asunto tan sencillo. Un día fui a Washington para presentar unos comprobantes de contabilidad en un departamento del gobierno. Ya me había ausentado con anterioridad durante este período de abstinencia, así que no se trataba de nada nuevo. Físicamente, me sentía muy bien; tampoco tenía problemas ni preocupaciones apremiantes. Me salió bien el negocio; estaba satisfecho, y sabía que también lo estarían mis socios. Era el final de un día perfecto y no había ninguna nube en el horizonte. Me fui a mi hotel y me vestí despacio para ir a cenar. Al cruzar el umbral del comedor, me vino a la mente la idea de que sería agradable tomar un par de cocteles antes de la cena. Eso era todo; nada más.

EL ALCOHOL

Pedí un coctel y mi cena; luego pedí otro coctel.

»Después de la cena, decidí dar un paseo a pie. Cuando regresé al hotel, se me ocurrió que me haría bien un traguito antes de acostarme. Entré al bar y me tomé uno. Recuerdo haber tomado algunos más esa noche, y bastantes al día siguiente. Tengo el recuerdo nebuloso de haber estado en un avión rumbo a Nueva York y de haber encontrado en el aeropuerto a un taxista muy servicial, y no a mi esposa. Aquel taxista me sirvió como una especie de custodio durante varios días. Poco sé sobre dónde fui, lo que oí o lo que dije... Por fin, me encontré en un hospital, con un insoportable sufrimiento físico y mental.

»Tan pronto como recobré la capacidad de pensar, repasé cuidadosamente lo sucedido aquella noche en Washington. No solo había estado desprevenido, sino que no había opuesto ninguna resistencia a la primera copa. Esta vez no había pensado para nada en las consecuencias. Había empezado a beber tan descuidadamente como si los cocteles fueran simples refrescos. Recordé entonces lo que me habían dicho mis amigos alcohólicos; cómo me habían vaticinado que si tenía una mentalidad de alcohólico, cuando se presentaran el momento y el lugar, volvería a beber. Habían dicho que a pesar de que opusiera resistencia, esta terminaría derrumbándose ante cualquier pretexto trivial para beber una copa. Eso fue precisamente lo que pasó, y algo más, porque lo que había aprendido acerca del alcoholismo no me vino a la mente para nada. Desde aquel momento supe que tenía mentalidad de alcohólico. Me di cuenta de que mi fuerza de voluntad y el conocimiento de mí mismo no podrían remediar aquellas extrañas lagunas mentales. *"La necedad del hombre le hace perder el rumbo"* (Proverbios 19:3). Acudí a la ayuda de un grupo de Alcohólicos Anónimos para que me ayudaran a recuperarme del alcoholismo. Allí me delinearon la solución espiritual y el programa de acción que cien de ellos habían seguido con éxito. A pesar de que solamente había sido miembro nominal de una iglesia, no me fue difícil aceptar sus propuestas desde el punto de vista intelectual. En cambio, el programa de acción, aunque enteramente sensato, era bastante drástico. Significaba que tendría que arrojar por la ventana diversos conceptos que había sostenido toda mi vida. *"¡El hombre no puede comprender todo lo que Dios ha hecho en esta vida! Por más que se esfuerce por hallarle sentido, no lo encontrará"* (Eclesiastés 8:17). Pero en el momento en que me decidí a poner en práctica el procedimiento, tuve la curiosa sensación de que mi estado de alcoholismo se aliviaba, como resultó en efecto. Más importante fue el descubrimiento de que serían los principios espirituales basados en el poder de Dios los que resolverían mis problemas. Desde entonces, he sido conducido a un modo de vivir infinitamente más satisfactorio y más provechoso que la vida que había llevado antes. Mi antigua manera de vivir no tenía nada de malo, pero no cambiaría sus mejores momentos por los peores de los que tengo ahora. No regresaría a ella ni aunque pudiera hacerlo.»

LA MANO DE DIOS

Todos los que han intentado salir de las garras de esta plaga coinciden en afirmar que sin la ayuda de Dios, es imposible salir adelante. Como vimos anteriormente, los esfuerzos humanos se vuelven infructuosos a la hora de enfrentarse a esta plaga, pero hay alguien que tiene el poder necesario para hacerlo. Se llama Jesucristo.

Dice la Biblia que la mano de Dios nos acompaña en nuestro caminar diario para que no tropecemos y podamos ir dando los pasos correctos hacia una vida plena.

En todos los lugares y centros de recuperación, especialmente en Alcohólicos Anónimos, reconocen que no hay manera de escapar de esta plaga si no se ha tenido un encuentro personal con Dios. Y eso es lo que necesitas. Los métodos humanos han fracasado una y otra vez, y sin el poder de Dios, es imposible frenar esa plaga. *«No será por la fuerza ni por ningún poder, sino por mi Espíritu —dice el Señor Todopoderoso»* (Zacarías 4:6).

EL ALCOHOL

Quiero compartir contigo los doce pasos que Alcohólicos Anónimos recomiendan para la recuperación. Creo realmente que constituyen una guía poderosa hacia la libertad absoluta en Dios.

1// Admitimos que éramos impotentes ante el alcohol; que nuestras vidas se habían vuelto ingobernables.

2// Llegamos a creer que un poder superior a nosotros mismos podría devolvernos el sano juicio.

EN TODOS LOS LUGARES Y CENTROS DE RECUPERACIÓN, ESPECIALMENTE EN ALCOHÓLICOS ANÓNIMOS, RECONOCEN QUE NO HAY MANERA DE ESCAPAR DE ESTA PLAGA SI NO SE HA TENIDO UN ENCUENTRO PERSONAL CON DIOS.

3//Decidimos poner nuestra voluntad y nuestra vida al cuidado de Dios, como nosotros lo concebimos.

4// Sin temor, hicimos un minucioso inventario moral de nosotros mismos.

5//Admitimos ante Dios, ante nosotros mismos y ante otro ser humano, la naturaleza exacta de nuestros defectos.

6//Estuvimos enteramente dispuestos a dejar que Dios nos liberase de todos estos defectos de carácter.

7// Humildemente, le pedimos que nos liberase de nuestros defectos.

8//Hicimos una lista de todas aquellas personas a quienes habíamos ofendido, y estuvimos dispuestos a reparar el daño que les causamos.

153

9//Reparamos directamente el daño causado a cuantos nos fue posible, excepto cuando el hacerlo implicaba un perjuicio para ellos o para otros.

10//Continuamos haciendo nuestro inventario personal y cuando nos equivocábamos lo admitíamos inmediatamente.

11//Buscamos, a través de la oración y la meditación, mejorar nuestro contracto consciente con Dios, como nosotros lo concebimos, pidiéndole solamente que nos dejase conocer su voluntad para con nosotros y nos diese la fortaleza necesaria para cumplirla.

12//Habiendo obtenido un despertar espiritual como resultado de estos pasos, tratamos de llevar este mensaje a otros alcohólicos y de practicar estos principios en todos nuestros asuntos.

Si una persona se dispusiera a llevar adelante esta serie de pasos sin haber recibido a Jesús en su corazón y sin el poder del Espíritu Santo, sería casi una tontería. En cambio, para el que cree, «todo es posible». Porque aquel que tiene un verdadero encuentro con Dios, tiene de su lado al Todopoderoso, que lo ayuda en sus debilidades.
«Porque no tenemos un sumo sacerdote incapaz de compadecerse de nuestras debilidades, sino uno que ha sido tentado en todo de la misma manera que nosotros, aunque sin pecado. Así que acerquémonos confiadamente al trono de la gracia para recibir misericordia y hallar la gracia que nos ayude en el momento que más la necesitemos» (Hebreos 4:15-16).

EL ALCOHOL

CARA A CARA

No hay nada más gráfico para aprender esto, que la historia de Pedro caminando hacia Jesús sobre las aguas.

«Señor, si eres tú —respondió Pedro—, mándame que vaya a ti sobre el agua. —Ven —dijo Jesús. Pedro bajó de la barca y caminó sobre el agua en dirección a Jesús. Pero al sentir el viento fuerte, tuvo miedo y comenzó a hundirse. Entonces gritó: —¡Señor, sálvame! En seguida Jesús le tendió la mano y, sujetándolo, lo reprendió: ¡Hombre de poca fe! ¿Por qué dudaste?» (Mateo 14:28).

Jesús conoce tus debilidades y tus problemas, aunque estés caminando hacia él de forma milagrosa «sobre las aguas». Él sabe que algún día vas a flaquear y hundirte en las aguas de tu propio error. Para eso está él: para rescatarte, de manera que te puedas aferrar a él, que es el único que te ayudará a cumplir con los propósitos de Dios para tu vida.

Esta es tu oportunidad de tomar la «última copa»; de acabar con aquello que ha destruido tus sueños y tu familia. La plaga que te ha esclavizado durante años, caerá ahora delante de Dios y de tus propios ojos.

Corre a un grupo de ayuda para alcohólicos o a Alcohólicos Anónimos. Yo personalmente ya he visto a muchos liberados por el poder de Dios. Tú serás uno más.

ESTE ES EL MOMENTO DEL CAMBIO. COMIENZA AHORA MISMO JUNTO A TU LIDER O PASTOR A DESCUBRIR LOS 7 PASOS PARA DESCIFRAR «LA CLAVE SECRETA» EN EL ULTIMO CAPITULO DEL LIBRO

155

PREGUNTAS DE ALTO VOLTAGE

1// Ya lo he intentado y he fracasado.
¿Me perdonará Dios una vez más?

2// Yo tomo alcohol y a veces me alcoholizo,
pero lo tengo controlado.

1// En esta plaga especialmente, tienes que saber que los que triunfan son aquellos que lo intentan una y otra vez. Son aquellos que han aprendido un poquito a conocer a Dios; al Dios que te ama aun en el mismo momento de estar alcoholizándote. Su amor es incondicional. «Porque tanto amó Dios al mundo, que dio a su Hijo unigénito, para que todo el que cree en él no se pierda, sino que tenga vida eterna» (Juan 3:16). No importa cuántas veces hayas fracasado; hoy tienes otra oportunidad.

2// Estas afirmaciones dejan la puerta abierta para adentrarse en la misteriosa plaga que no deja que ningún ser humano la maneje. Todos los que han intentado, han terminado en el piso, o ayudados por otro para entrar a su casa. Te quiero decir algo de corazón: nadie puede manejar el alcohol: o eres libre de él, o eres esclavo suyo. No lo olvides.

PARA SEGUIR MINISTRÁNDOTE, EL EQUIPO DE JESUS WARRIORS PONE A TU DISPOSICIÓN UN E-MAIL PARA COMUNICARTE CON NOSOTROS (CYBER10@JESUSWARRIORS.NET). ASÍ LES PODRÁS ESCRIBIR A LOS JÓVENES CON LOS CUALES TE SIENTES IDENTIFICADO, Y SABER QUE HAY ALGUIEN MÁS QUE HA ESTADO EN TU SITUACIÓN Y QUE VA A ESCUCHARTE, ENTENDERTE Y ENVIARTE UN MENSAJE DE PARTE DE DIOS.

EL ALCOHOL

especialistas al rescate

El alcoholismo, a diferencia del simple consumo excesivo o irresponsable de alcohol, ha sido considerado en el pasado como síntoma de estrés social o psicológico, o de un comportamiento inadaptado. Recientemente, y quizá de forma más acertada, ha sido definido como una enfermedad compleja, con todas sus consecuencias. Se desarrolla a lo largo de años. Los primeros síntomas, muy sutiles, incluyen la preocupación por la disponibilidad de alcohol, que influye poderosamente en la elección de amistades o actividades por parte del enfermo. Cada vez se está considerando el alcohol más como una droga que modifica el estado de ánimo, y menos como una parte de la alimentación, una costumbre social o un rito religioso. El alcoholismo se caracteriza por una dependencia emocional y a veces orgánica del alcohol; produce un daño cerebral progresivo y termina produciendo la muerte.

Son alcohólicos aquellos que beben en exceso y cuya dependencia ha alcanzado un grado tal, que determina la aparición de visibles perturbaciones de las relaciones interpersonales y del funcionamiento físico, así como un inadecuado funcionamiento social y económico.

El alcohólico se caracteriza por depender, tanto física como psíquicamente, del alcohol, y por carecer de capacidad para detenerse o abstenerse. A pesar de que el alcoholismo afecta mayormente a los adultos, su consumo entre los adolescentes es cada vez más preocupante.

El consumo de bebidas alcohólicas se inicia a temprana edad. Esto puede atribuirse en parte a que a esa edad, generalmente los jóvenes comienzan a dar inicio a sus salidas nocturnas; comienzan con la búsqueda de unos ídolos en la cual son la televisión, la moda y los amigos sobre todo, los que les llevan al consumo temprano del alcohol. El consumo de bebidas alcohólicas es mayor en grupo, sobre todo en las fiestas.

Actualmente, en el mundo en que nos toca vivir, está demostrado que el alcoholismo ya se ha instalado con vigor en la juventud, sumiéndola en cruentas circunstancias que años atrás, estaban reservadas a gente de mayor edad. También estamos asistiendo a las tristes evidencias de que el alcoholismo ya ha dejado de ser una cosa propia y casi exclusiva del sexo masculino. Hoy son muchas las mujeres que lo padecen. Entre ellas se manifiesta sin disimulo alguno una sección que incluye a las mujeres jóvenes.

_ El consumo de alcohol está vinculado a nivel mundial con el 50 % de las muertes ocurridas en accidentes de tránsito y el 30 % de los homicidios, suicidios y arrestos policiales.

_ La mayoría (82.1%) de los trastornos y la morbilidad que ocasiona el uso del alcohol se producen en edades tempranas, entre grupos de población con una edad inferior a los cuarenta y cinco años. Los índices reflejan asimismo una carga abrumadoramente mayor de enfermedades y accidentes entre hombres, que entre mujeres, con unas tasas del 83% en las Américas y del 84% en el resto del mundo, correspondiendo el resto a las mujeres.

_ La Organización Mundial de la Salud ha señalado el alcoholismo como la tercera causa de muertes en el mundo. Precisamente, se considera a los medios de comunicación como responsables directos por el aumento del consumo.

EL ALCOHOL

Causas de la ingestión de alcohol por sexo

Causas	Masculino		Femenino		Total	
Alcohol	No.	%	No.	%	No.	%
Gusto Personal	153	76.8	4	2.0	157	78.8
Otras causas	26	13.0	2	1.0	28	14.0
Para sedarse	5	2.5	1	0.5	6	3.0
Aliviar algún malestar	3	1.5	-	-	3	1.5
Para sentirse más capaz	2	1.0	-	-	2	1.0
Por hábito	2	1.0	-	-	2	1.0
Olvidar sus problemas	1	0.5	-	-	1	0.5
Total	192	96.4	7	3.0	199	100

NOVENA **PLAGA**

#09

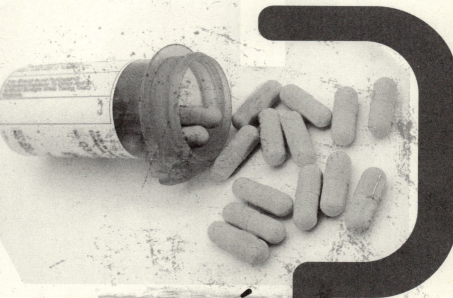

LA DEPRESIÓN Y LA SOLEDAD

//NO TENGO RESPUESTAS//

LA DEPRESIÓN Y LA SOLEDAD

«En el abismo es todo tan gris... Quiero volver a empezar.» Así dice el estribillo de una canción que se hizo famosa en el cine, y en la cual se relata la historia de una alcohólica que no le encuentra salida a su vida. Las historias más tristes son las que he escuchado cuando se trata de esta plaga. Una de ellas es la de una adolescente que estaba totalmente desarreglada y que se parecía mucho más a una vagabunda, que a una chica de su casa. Todavía recuerdo que durante toda la charla, no me pudo mirar a los ojos. Mantuvo la cabeza inclinada hacia el piso, y solo me hablaba de una tristeza y una frustración que eran tan profundas como un abismo.

Todo comenzó siendo muy niña. Ella era la hermana menor de casi una decena de niños, que crecieron en medio de la pobreza y el abandono. Tuvo que acostumbrarse a vestirse con las ropas de sus hermanos durante toda su infancia. Se alimentaba a base de mate cocido y pan, excepto en algunas ocasiones especiales en las que pudo disfrutar de algo de carne. Cuando llegaba el invierno, su humilde hogar de chapas de latón se convertía en un congelador; en cambio, en el verano aquel metal hervía de calor.

Tal vez pienses que bajo estas condiciones, es lógico que alguien se deprima. Sin embargo, he conocido en mi vida decenas de adolescentes a los que no les ha faltado absolutamente nada, pero están sumergidos en la más profunda depresión. Entre ellos y esta chica existe un factor común: la ausencia de sus padres durante la niñez.

Todos necesitamos durante nuestra niñez ese modelo que Dios eligió para que crezcamos fuertes y sanos, tanto mental como psicológicamente: el modelo formado por el padre y la madre. Lo lamentable es que la mayoría de los padres no tienen resuelta su madurez como matrimonio y cargan a los hijos con sus problemas, peleas y discusiones, y por último, para romperles el corazón, el divorcio. Esta no es la única causa, pero sí ha sido la de mayor influencia en la vida de los adolescentes.

«Hemos pecado, lo mismo que nuestros padres; hemos hecho lo malo y actuado con iniquidad» (Salmo 106:6).

163

En este capítulo desarrollaremos algunas de las causas que hemos hallado más comunes entre las que producen depresión y frustración con el paso de los años.

En esta primera historia que te conté, la joven pudo cambiar radicalmente su vida cuando recibió el cuidado y la atención de una «madre» o un «padre» de corazón. Su mayor problema había sido que su padre había abandonado a su familia. Su madre, abrumada por la situación, nunca se ocupó de los niños. El único momento en el cual se ocupaba de ella, era en su cumpleaños. Pero aquello no era suficiente. Ella hubiese querido pasear aunque fuera en autobús, o que alguien se preocupara por ella y le preguntara «¿Cómo estás?», o sencillamente, la escuchara. Podría escribir un libro solo de esto, pero es bueno que lo leas, ya que quizás tú en este mismo instante seas padre o madre. Hoy hay miles de adolescentes esperando «padres de corazón». Uno de los objetivos de este libro es que, una vez libre de esta plaga, tú puedas ser uno de ellos y puedas decir como el apóstol Pablo: *«De hecho, aunque tuvieran ustedes miles de tutores en Cristo, padres sí que no tienen muchos, porque mediante el evangelio yo fui el padre que los engendró en Cristo Jesús. Por tanto, les ruego que sigan mi ejemplo» (1 Corintios 4:15-16).*

UNA CHICA QUE QUERÍA SER LA MEJOR DE TODAS

Ella se había preparado toda su vida para triunfar. Tal vez gracias a aquella «loca» frase de que «nada es imposible», u otras ocurrentes ideas que no dejan lugar para la gran mayoría de los adolescentes. Tenía muy claro su sueño, y estaba dispuesta a pagar cualquier precio con el fin de llegar a ser una mujer de éxito. Sus padres eran trabajadores desde muy jóvenes, y habían soñado con formar una familia de esas que todo el mundo quiere tener. En los primeros años de matrimonio, tuvieron a sus dos hijos. El primogénito era Raúl, y al cabo de dos años, llegó Carolina. Ella fue creciendo junto a su hermano, que la cuidó desde que comenzó a asistir al jardín de la infancia, y durante toda su escuela primaria.

LA DEPRESIÓN Y LA SOLEDAD

Desde niña, fue la princesa de su padre y de su madre. La educaron rodeada de amor y con el deseo de que triunfara en la vida en todos sus aspectos. Ellos tenían una firme convicción: sus hijos serían «alguien» en la vida. Estaban proyectando en ellos todas aquellas metas que no habían logrado alcanzar.

Todo comenzó en los primeros años de la preadolescencia, cuando su mamá le exigía que se vistiera de tal o cual manera, que mantuviera una postura determinada, y decenas de requisitos más, para que fuera una niña modelo. En el colegio no pudo ser abanderada, porque otras compañeras tenían mejores notas que ella. Esto la traumó durante años; sentía en su corazón que les había fallado a sus padres, aunque nunca lo exteriorizó, pero la frustración fue creciendo junto con ella. La peor temporada comenzó en la escuela secundaria. En los primeros días de clase, se generalizaba la competencia por pertenecer al grupo de las «modelos», o ser popular. Hasta a Carolina le fascinó entrar a formar parte de aquel espectáculo.

PODRÍA ESCRIBIR UN LIBRO SOLO DE ESTO, PERO ES BUENO QUE LO LEAS, YA QUE QUIZÁS TÚ EN ESTE MISMO INSTANTE SEAS PADRE O MADRE. HOY HAY MILES DE ADOLESCENTES ESPERANDO «PADRES DE CORAZÓN».

Su mamá le había enseñado a «luchar» en el arte de ser una mujer triunfadora. Desde ese día, las palabras y los consejos de su madre retumbaban en su mente como una consigna de guerra: «Tú puedes». «Si luchas, tus sueños se harán realidad». «Nadie puede detenerte». «Si crees en ti misma, lo lograrás».

Su primera decepción fue ver que en su curso había chicas más lindas que ella. Eso la frustró. ¡Pero lo peor era que tendría que convivir con ellas los cinco años siguientes! Cuando tenía quince años, subió de peso. Solo algunos kilos, pero este fue el determinante de su depresión y el comienzo de su anorexia.

165

Ella siempre era la mejor en deportes, y esto la hacía muy popular. Su fuerte era el voleibol. Iban ganando el campeonato de este deporte, descalificando con sus victorias a otros colegios, y esto la hacía sentir «única». Pero algo ocurrió al llegar a las finales. Una derrota aplastante hizo que en su papel de «gran capitana», pasara a ser en cuestión de minutos la gran derrotada; la responsable de la caída. Cuando comenzó a darse cuenta de que algunas alumnas de otras escuelas tenían un talento mayor para el voleibol, no pudo recuperarse de este fracaso. Se frustro aun más, porque ese era el aspecto en el cual ella se sentía segura, única y fuerte.

Su estado emocional influyó en toda su vida diaria. El estudio se convirtió en una carga muy pesada, y empezó a encerrarse en su habitación frente a su computadora durante más tiempo de lo habitual. Ya no era una chica segura, sino que ahora el fracaso la había alcanzado, y la visión del éxito se había esfumado. A sus dieciséis años, intento suicidarse.

DIECISÉIS AÑOS Y UN ENCUENTRO

Casi podría asegurar que la historia que describí anteriormente es un reflejo de la juventud actual. En estos tiempos en los cuales solo parece triunfar «el mejor de todos», y los demás no sirven, son millones los chicos que se sienten marginados. Hasta los predicadores venden una imagen del éxito... empujados por el mismo diablo. Como si fueran Superman, Batman, Spiderman y otros héroes que solo existen en el mundo de la ficción.

El 99.99% de los seres humanos nunca llegarán a ser «el mejor de todos» en nada. Te puedo asegurar que para todos nosotros vino Jesús y fue crucificado con los «perdedores» de la tierra. Es más, cuando vino, convivió casi en la totalidad de su vida con los «perdedores» que todo el mundo rechazaba o menospreciaba. Lo mejor de Jesucristo es que en sus filas acepta tanto a los «perdedores» como a los «mejores de todos».

LA DEPRESIÓN Y LA SOLEDAD

A sus dieciséis años, Carolina se encontró con Dios, y su visión de la vida cambió. Lo primero que cambió fue la idea de creerse «el centro del planeta», y pensar que todo lo que le sucedía a ella era lo más importante: «¡El mundo se vendrá abajo cuando algo me suceda a mí!» Comprendió que la historia de la humanidad gira alrededor del amor de Dios hacia el hombre, y que el primer objeto de su amor era ella misma. ¡Eureka! Había encontrado la fórmula mágica. Algo más a lo que tuvo que enfrentarse: su egoísmo. Era la barrera que le impedía dar y compartir. Si hay algo que está destruyendo a la sociedad hoy, es la premisa de que hay que disfrutar de la vida «sobre todas las cosas», aun sobre la vida de las personas que nos rodean. El lema publicitado por una de las tarjetas de crédito más conocidas es «La vida es ahora». Esto constituye un grito de guerra a favor del hedonismo (doctrina ética que identifica el bien con el placer, en especial el placer inmediato). «Placer para mí mismo»; solo me importa «pasarla bien hoy». Esta chica es una prueba de que, mientras una persona centre su vida en ella misma, solo va a encontrar frustración. Recuerda si no, el caso de Maradona y otros «mejores de todos» que hay en el mundo.

Por último, quiero contarte que Carolina es cristiana, y sus líderes juveniles le habían enseñado que «sus sueños en Dios podían hacerse realidad». Así que tuvo que aprender nuevamente esto, que se parece más a un lema de autoayuda, que a la verdad bíblica.

Déjame que te lo enseñe como lo aprendí yo. El año pasado, un coordinador general de JW me envío un mensaje electrónico de fin de año que decía: «Que este año no se cumplan tus sueños». La verdad es que me llamó la atención. Tuve la tentación de llamarlo para hablarle de ese e-mail que me había enviado, por la incógnita que había sembrado en mí. A los dos días recibí otro que decía: «Que este año se cumplan sus sueños». Me pareció maravilloso. Dios está buscando jóvenes en todo el mundo para cumplir sus sueños, los de él. Un joven alcanza la plenitud de su vida cuando camina en esa dirección.

No lo olvides: Son «sus sueños» los que cambiarán la historia. «*Porque mis pensamientos no son los de ustedes, ni sus caminos son los míos afirma el Señor. Mis caminos y mis pensamientos son más altos que los de ustedes; ¡más altos que los cielos sobre la tierra!*» (Isaías 55:8-9).

NO TENGO RESPUESTAS

Hay muchas situaciones en las que nos quedamos sin respuesta. Son casi como un reto que nos hace la vida. Para estas situaciones, nadie está realmente preparado, pero suceden. Por lo general, estos golpes rompen corazones, vidas y esperanzas, y si tu vida no está anclada en Dios, la tormenta de la prueba puede llegar a destruirte, porque hace salir a flote lo que realmente tenemos dentro. La mayoría de los jóvenes solo están preparados para el día de hoy, y no tienen fe en las cosas que no ven.

CASO 1: Hace no mucho tiempo, una chica me vino a contar que definitivamente, había perdido las ganas de vivir. La causa: su noviazgo se había terminado y pensaba que la vida no tenía sentido. Todo lo había construido alrededor de aquella relación. Al cabo de dos años, había perdido su grupo de amigas, porque solo le dedicaba tiempo a su novio. Ya no podía volver el tiempo atrás, y no sabía como enfrentarse a la situación.

CASO 2: Otra chica no salió de su habitación durante varios días, porque no soportaba el divorcio de sus padres. Ella me decía que nunca habría creído que aquello iba a suceder, y ahora no sabía como enfrentarlo. Nadie le había enseñado a enfrentarse a una situación así, y ahora había perdido su identidad. Su padre se había ido después de años de discusiones. Su madre lo había acusado de infidelidad, y lo peor es que él no lo había negado. La chica estaba destruida y sumergida en medio de esta plaga.

CASO 3: Una pareja de jóvenes estaba viviendo su mejor momento, no solo porque se habían casado, sino también porque ella estaba embarazada, y la relación entre ellos casi parecía algo tomado de una película de Hollywood. Él la cuidaba y atendía todo el tiempo durante su embarazo, y ella cuidaba cada detalle de su marido. Pero algo sucedió. Después de la primera ecografía, los médicos comenzaron a realizarle a ella todo tipo de exámenes, porque el bebé presentaba algunas anomalías en su desarrollo. Aquella terrible noticia, en lugar de unir a la pareja, la destruyó. Comenzaron los problemas, hasta el punto de culparse mutuamente por lo sucedido, como si alguien tuviera la responsabilidad de aquello. El joven comenzó una vida inmersa en el alcohol y la violencia,

SI TU VIDA NO ESTÁ ANCLADA EN DIOS, LA TORMENTA DE LA PRUEBA PUEDE LLEGAR A DESTRUIRTE, PORQUE HACE SALIR A FLOTE LO QUE REALMENTE TENEMOS DENTRO.

que mantiene hasta el día de hoy. La joven tuvo que criar a su bebé sumergida en una profunda depresión. Estas tres historias solo intentan mostrarte que nadie está exento de vivir una situación que no está preparado a enfrentar, ni de librarse de caer bajo la plaga de la depresión. Algunos de ellos eligieron recibir el amor de Dios, y conocerlo como el Dios de las situaciones difíciles, el que le brinda amor y consuelo a todo el que lo busca.

Una de las claves para salir adelante, fue enfrentar su situación sin retroceder ni esconderse en la depresión, como lo hizo David con Goliat. Dios te dé fuerzas para intentarlo una y otra vez. *«Todo lo puedo en Cristo que me fortalece»* (Filipenses 4:13).

Para muchos, la depresión no es más que una excusa para no enfrentarse a un problema.

SOLEDAD: ESE ES MI NOMBRE...

«Al comenzar a contarte mi vida y mirar hacia atrás, solo puedo decir: "¡Gracias Señor!" Sí, gracias por lo que has hecho en mi y porque me has guardado de todo.

No puede haber una forma más sincera que expresar mi agradecimiento al que se jugó la vida por mí. Por él encontré la razón de vivir. De niña era muy introvertida y tímida, y me costaba mucho relacionarme con los demás chicos del barrio. Me sentía totalmente inferior; incapaz de ser igual a ellos. Sufría viéndolos correr, jugar y disfrutar de todo lo que yo soñaba, y no podía hacer.

»Aunque tenía algunos amigos, no jugaba a las muñecas, sino que jugaba a la pelota, a las canicas, y a todos los tipos de juegos que eran para varones. Así fue, hasta que un día las preguntas comenzaron a rebotar en mi cabeza. Cada vez que miraba las fotos de cuando era bebé, veía cosas que no entendía. Al verlas, comprendía que dentro de mí había algo que me disgustaba: Yo era mujer, pero en todas las fotos tenía una pelota, o llevaba puesta ropa de varón. Entonces le preguntaba a mi mamá por qué nunca había tenido una muñeca, y ella no me daba una respuesta, sino que siempre ponía excusas para no contestarme. Los años pasaban y la respuesta no llegaba. Me miraba al espejo y me veía el pelo corto hasta la nuca y los pantalones largos. Parecía todo un varón.

»Así fue cómo la soledad empezó a ganar espacio en mi vida. Las mentiras crecían y las diferencias en el trato con mis hermanos se notaban cada vez más. Ellos eran varones, y yo... bueno, yo no era lo que mi mamá quería. Siempre me decía que había esperado un varón y le había llegado una niña. Comenzamos a asistir a una iglesia. Mis hermanos y yo esperábamos ansiosamente poder asistir a la escuela dominical. Todo era paz y tranquilidad allí, cosas que no había en casa. Recuerdo que a mis ocho años hubo algo que me abrió la mente, y fue mi regalo de Navidad: indios y soldados. Esto me golpeo en lo más íntimo del corazón, y me enojé muchísimo con mis padres. Miraba a mis hermanos contentos con sus juguetes, y veía sobre todo la cara de mi hermana, que sonreía ante su muñeca rubia. Después veía en mis manos aquellos muñecos verdes de plástico que me taladraban la cabeza, diciéndome: "¿Qué eres?"

LA DEPRESIÓN Y LA SOLEDAD

»A partir de ese momento, Dios comenzó a mostrarme su amor, aun sin yo conocerlo, y me cerré a todo lo que me quisiera hacer creer que era un varón. En un arrebato de enojo y lágrimas, tire todos aquellos juguetes a la basura, mientras repetía una y otra vez: "¡Soy mujer, soy mujer!"

»Desde aquel día, guardé mis sentimientos. Todo lo que me pasaba, era solo para mí. La soledad parecía una montaña que crecía cada vez más. No me importaba lo que ocurría a mi alrededor; estaba totalmente sola, desprovista de refugio. No tenía con quién hablar, porque nadie me inspiraba confianza. Las personas que debían protegerme, me rechazaban. De esas personas solo recibía insultos, palabras hirientes y frases con las que peleé por muchos años: "Siempre lo haces todo mal"; "Tus hermanos son mejores que tú". No encontraba nada que me hiciera bien. Por eso me aferré al colegio: quería demostrarles que sí podía, que servía y que mis notas serían las mejores. Llegué a ser abanderada, pero no me importaba, porque en realidad nada cambiaba. Todo seguía peor; solo me encerraba más en mi soledad. Llegó la secundaria y comenzó otro calvario. Ninguno de mis compañeros siguió en el mismo colegio; yo ni siquiera pude elegir dónde estudiar. Iba a la escuela donde mi madre me puso; a ella no le interesaba lo que yo quería estudiar, porque quería que fuera perito mercantil. Según ella, de grande tenía que trabajar en una oficina. Por todo esto tuve por vez primera un enfrentamiento con Dios. Regresar cada domingo de la iglesia a la casa era una tortura; las peleas de mamá con papá eran increíbles. Yo no entendía cómo la mujer que hacía una hora había estado felizmente en la iglesia, se estaba "matando" con mi padre. A raíz de estas crisis, peleaba con Dios por eso: porque yo quería a la mamá que estaba en el coro, la que servía a Dios, pero cuando llegábamos a la casa, ella volvía a ser una mujer fría, sin sentimientos, y aquello era una tortura para mí. ¡Dios no me podía estar haciendo eso! Creía que hasta él mismo se había alejado de mí. Por eso dejé de ir a la iglesia. Pensaba que de esa forma, Dios se ocuparía de mí.

»La soledad era cada vez más profunda. Solo esperaba a que todos se fueran de casa los fines de semana para poder estar sola. Mi madre me castigaba por no asistir los domingos con ella, y me sentenciaba a limpiar sola toda la casa. Pero sin que ella lo supiera, ese era mi plan: estar sola. No me importaban los castigos; para mí era normal hacerlo todo. Yo cuidaba a mis hermanos, cocinaba y me encargaba de la casa, mientras ella trabajaba.

»Sola con mi soledad, así empecé a basar mi vida en historias irreales, solo sueños que imaginaba, y que tal vez viviría. Recuerdo que pensaba que jamás me casaría, y que nunca iba a formar una familia. Pensaba que si lo hacía, me lastimaría aun más, y lastimaría a otros. No quería repetir lo que yo estaba viviendo.

»Después de tres años, recuerdo que oía la voz de Dios que me decía: "Yo te amo. Para mí eres importante". Pero mi respuesta era hiriente con él, como eran conmigo las palabras de los que vivían junto a mí. Yo le decía: "Si es verdad que me amas, ¿por qué no cambias a mi familia?" No podía entenderlo. Solo le estaba exigiendo que hiciera lo que yo quería. Miles de veces golpeo a mi corazón, y yo siempre le reprochaba mi situación familiar.

»Cada domingo me castigaban, y eso me ponía más en contra de Dios, porque yo no hacía nada malo, y sin embargo, era maltratada. Mientras ellos asistían a la iglesia yo sentía que por dos horas podía estar en paz. Me encerraba en el baño, me maquillaba, y soñaba frente al espejo con ser linda y aceptada por los demás. Luego me lavaba la cara y cumplía con el castigo. Así fueron las cosas, hasta que un día llegue a la convicción de que si ellos no cambiaban, yo solo sería una persona solitaria y amargada, sin amigos, sin nadie a quien poderle contar lo que me pasaba por dentro. Fue entonces cuando me di cuenta de que solo había uno que siempre estaba presente, y ese era Dios. Él me estaba buscando, y yo lo espantaba, tratándolo como me trataban a mí. Comencé a sentir la necesidad de tener a Dios, de entenderlo, pero no quería dar a torcer mi brazo delante de mi madre. Entonces, leía la Biblia a escondidas.

LA DEPRESIÓN Y LA SOLEDAD

Todo era en secreto, hasta que Dios me dijo: "Este es el día". Recuerdo que una chica que asistía a la iglesia donde mi madre se congregaba, me invitó a una reunión especial. Era en vísperas de la semana santa, pero rechace la invitación. Ni siquiera pude comprender que era el Señor el que me estaba impulsando a ir. Cuando llegué a la casa, sentía que tenía que estar en aquel lugar. Había algo en mi interior que me impulsaba a ir. Fue muy difícil, pero fui. Al finalizar la predicación, pasé al frente en respuesta a la invitación para aceptar a Cristo en mi corazón, pero fue algo totalmente "cerebral". No hubo emoción; sencillamente, yo sabía que lo tenía que hacer, porque se lo había prometido a él y no quería fallarle. Le doy gracias a Dios, porque aun así, me aceptó y comenzó a cambiar mi vida. Poco a poco, fue quitando la soledad que estaba arraigada en mi alma, poniendo en su lugar luz y amor, y

COMENCÉ A SENTIR LA NECESIDAD DE TENER A DIOS, DE ENTENDERLO, PERO NO QUERÍA DAR A TORCER MI BRAZO DELANTE DE MI MADRE. ENTONCES, LEÍA LA BIBLIA A ESCONDIDAS.

empezó a quitar las tinieblas. Los destellos de su gracia me hicieron verme como una persona especial. Yo era hija suya; ya nadie más me diría que no valía nada, porque él había pagado el precio más alto por mí, y su sangre me limpiaba cada día. A partir de ese momento, comencé a crecer por él y para él, sabiéndome amada y esperada. Yo no era un deseo incumplido, porque él era quien me había hecho mujer, aunque no eran esos los deseos de mis padres biológicos. Yo era lo que él había soñado.

»Su palabra me decía en el Salmo 139: *Fue Dios quien formó todo mi cuerpo; tú me formaste en el vientre de mi madre. Te alabo porque estoy maravillada, porque es maravilloso lo que has hecho. De ello estoy bien convencida. No te fue oculto el desarrollo de mi cuerpo, mientras yo era formada en lo secreto. Tus ojos vieron mi cuerpo en formación, todo eso estaba escrito en tu libro.*

Habías señalado los días de mi vida cuando aun no existía ninguno de ellos. El día en que lo descubrí tan amoroso, tan misericordioso y tan soberano sobre mi vida, fue su mejor regalo. En realidad, fue el día más feliz de mi vida. A medida que leía el Salmo, lloraba y me repetía: "Ese es mi Creador. Él no se equivocó conmigo". Y le agradecía que me hubiera esperado y adoptado como hija. Yo era su niñita, y nunca me rechazaría, porque me amaba. Él pagó por mi: dio su vida y se lo jugó todo por mí.
»Hoy puedo contarte parte de mi vida, porque soy una persona feliz. Dios me regaló un esposo y dos hijos maravillosos. Aquella niña con miedos y con temores que vivía deprimida, ya no existe. Dios llenó mi vida de sueños reales que soñamos juntos, no para escapar de lo que nos toca vivir, sino para servirle a él y para adorarle. Después de veinte años de conocerlo, sigo diciendo:
"¡Gracias, Señor, por amarme!"»

LA DEPRESIÓN Y LA SOLEDAD

Dios te llevará en sus brazos en los momentos difíciles de la vida, y no dejará que te caigas. No te pondrá en medio de ninguna prueba que no seas capaz de llevar. Su amor quiere enseñarte a mirar el mundo como él lo ve. No quiere que camines solo. Deja que otros te ayuden, que sequen tus lágrimas, que levanten tus brazos y sean de inspiración para tu vida.

Hoy existe un ejército de jóvenes que están ansiosos por compartir contigo su vida y el amor de Jesús. Solo es cuestión de que te decidas hoy. Por eso te invito a tomarte un tiempo para escribirle esto a Dios en forma de plegaria. ¿Lo hacemos juntos?

«Señor, necesito tu ayuda. He comprendido que solo no podré salir de esta plaga. Estoy triste y necesito tu alegría; estoy deprimido y necesito tus fuerzas. He comprendido que solo tú puedes ayudarme a pasar por este valle de muerte.»

Te animo a firmar esta carta y compartirla con algún líder o con tu pastor, para que empiecen juntos este camino hacia la vida.

ESTE ES EL MOMENTO DEL CAMBIO. COMIENZA AHORA MISMO JUNTO A TU LÍDER O PASTOR A DESCUBRIR LOS 7 PASOS PARA DESCIFRAR «LA CLAVE SECRETA» EN EL ÚLTIMO CAPÍTULO DEL LIBRO

PREGUNTAS DE ALTO VOLTAGE

1// Si te hubiera sucedido lo que me sucedió a mí, ¿estarías deprimido?

2// ¿Por que Dios me castigó?

1// Todas las situaciones de la vida son difíciles para la persona que las está viviendo. Todo depende de cómo tomemos lo que nos sucede. Mucha gente ha usado las malas experiencias para construir su vida; más aun, para ayudar a otros en su proceso de restauración en Dios. La depresión es un estado interior; no tiene nada que ver con las circunstancias. ¡Todo depende de ti!

2// Esta pregunta generalmente encierra una acusación directa a Dios, como culpable de todo lo que estás viviendo. Una de las claves en lo que debes creer, es que Dios está de tu lado. Él estará siempre presente para cuidarte y acompañarte, aun cuando creas que estás solo (Salmo 23:1,5).

PARA SEGUIR MINISTRÁNDOTE, EL EQUIPO DE JESUS WARRIORS PONE A TU DISPOSICIÓN UN E-MAIL PARA COMUNICARTE CON NOSOTROS (CYBER10@JESUSWARRIORS.NET). ASÍ LES PODRÁS ESCRIBIR A LOS JÓVENES CON LOS CUALES TE SIENTES IDENTIFICADO, Y SABER QUE HAY ALGUIEN MÁS QUE HA ESTADO EN TU SITUACIÓN Y QUE VA A ESCUCHARTE, ENTENDERTE Y ENVIARTE UN MENSAJE DE PARTE DE DIOS.

especialistas al rescate

La depresión es mucho más que una sensación de tristeza pasajera: es un estado que deteriora seriamente la calidad de vida y que puede agravar otros males físicos. Sin embargo, se calcula que las dos terceras partes de los que la sufren, nunca reciben tratamiento, o lo reciben por un tiempo demasiado corto.

Los estudios indican que en el presente hay más personas que afirman estar sufriendo de depresión.

Se podría decir que la persona que padece de depresión anda siempre buscando una razón para estar deprimida.

El mayor problema consiste en lograr que la persona confiese que está deprimida. La mayoría de las personas deprimidas no lo admiten; creen que todo lo que sucede es que ellas no alcanzan a cumplir con las exigencias de la vida. La misma depresión hace más difícil reconocer que uno está deprimido. Al mismo tiempo, los médicos suelen tener prejuicios contra la depresión. Prefieren encontrar en sus pacientes algo físico. Es decir, que tenemos que persuadir tanto al público como a los médicos para que se tomen en serio este problema. Una vez que se logra esto, el tratamiento no es difícil.

Un estudio nacional realizado entre 9090 personas mayores de dieciocho años, encontró que el 57% de los participantes que tenían enfermedades depresivas recibió

tratamiento. La cifra es casi un 40% supe-
ulada en los primeros años de la década del
gún dijeron los investigadores.

, se consideró que el tratamiento era adecuado,
21% de los pacientes con depresiones recien-
tal, el 6.6% sufrió una depresión importante en
omento del año anterior, lo que equivale a unos
millones de adultos.

presión es más común entre las mujeres y los
s de dieciocho a cuarenta y cuatro años, que en los
res y las personas mayores de sesenta años.
hombre tiene menos probabilidades de sufrir depre-
, y a la vez es más reacio a admitir que está deprimido.
número de hombres que se suicidan es cuatro veces
yor que el de mujeres. Sin embargo, la frecuencia de los
entos de suicidio en las mujeres es de dos a tres veces
ayor que en los hombres.

La depresión infantil se comenzó a conocer hace solo dos
décadas. El niño deprimido puede simular que está enfermo. Dado que las formas normales de comportamiento
varían de una etapa de la niñez a otra, es difícil establecer
si un niño está pasando por una fase de su desarrollo, o si
está padeciendo depresión.
_ Aproximadamente, el dos o el tres por ciento de todos
los niños con un comportamiento alterado presentan
depresiones de grado medio a grave, y otro seis a ocho por
ciento, de carácter leve. Su incidencia es prácticamente el
doble en el sexo femenino.

En relación con el suicidio debido a depresiones, se sabe
que la depresión es la principal causa de las muertes entre
los quince y los veinticinco años de edad.

_ El suicidio es también una de las principales causas de
muerte de los adolescentes y adultos entre los quince y los
veinticuatro años de edad.

Alrededor del 75% de las personas que padecen de depresión tienen tendencias suicidas, y entre el 10 y 15% llegan a realizar intentos de suicidio.

Las adolescentes depresivas suelen ser tristes, inhibidas en sus relaciones sociales, obedientes en casa, discretas y tranquilas (lo que se ha dado en llamar «síndrome de Cenicienta»). En cambio, los varones son rebeldes, irritables, miedosos, temerosos a la hora de establecer contactos y agresivos en su relación social.

_ Las mujeres tienen casi el doble de probabilidades de sufrir depresión que los hombres. Sin embargo, los hombres y las mujeres tienen las mismas probabilidades de desarrollar el trastorno bipolar.
_ La depresión grave puede desarrollarse a cualquier edad, pero la edad promedio de aparición es alrededor de los veinticinco años.
_ En el caso del trastorno bipolar, la edad promedio de aparición es entre los veinte y los veinticinco años.

DESCIFREMOS
LA CLAVE SECRETA
//POR FAVOR, AJÚSTATE EL CINTURÓN!//

#10

DÉCIMA **PLAGA**

DESCIFREMOS LA CLAVE SECRETA

La condición para seguir leyendo esta parte del libro es que no lo dejes, aun cuando creas que ya te lo sabes todo. De aquí en adelante, todo lo que vivirás es un viaje que necesita de tu corazón y tu vida para tener el final feliz tan esperado. Tú mismo serás el protagonista, y tus amigos serán los testigos del cambio realizado en tu vida. Dios y yo estamos muy felices por esta decisión que has tomado, de entrar a formar parte del maravilloso ejército de jóvenes que han aceptado y reconocido sus errores. De esa manera, Jesucristo te haga finalmente libre a ti, y contigo a los miles que te escucharán y a quienes les podrás ministrar por medio de tu propia experiencia en la vida. Debes compartir paso por paso este capítulo con tu líder espiritual o pastor para echar a andar por este camino de libertad en Cristo. No leas primero el último paso, ni te saltes aquel que no puedas cumplir. Esto es resultado de cientos de experiencias y veinte años de ministerio con jóvenes que han tenido diferentes «plagas» espirituales, y te llevará a encontrarte cara a cara con Jesús y con su libertad. Debes leer y poner en práctica un paso por día. No servirá de nada que lo leas todo junto, porque cada paso tiene su parte práctica, que debes llevar a cabo para ver sus resultados en tu vida.

Cada paso ha sido cuidadosamente escrito para que al final de ellos puedas comenzar los primeros días de tu libertad definitiva y decirle al gran gigante que definitivamente le has «cortado la cabeza», como hizo un día un pastorcito adolescente llamado David.

«Así fue como David triunfó sobre el filisteo: lo hirió de muerte con una honda y una piedra, y sin empuñar la espada. Luego corrió adonde estaba el filisteo, le quitó la espada y, desenvainándola, lo remató con ella y le cortó la cabeza. Cuando los filisteos vieron que su héroe había muerto, salieron corriendo» (1 Samuel 17:50-51).

DESCIFREMOS LA CLAVE SECRETA

1// VEN FUERA
2// EL SARCÓFAGO DE TUTANKAMÓN
3//EL TÚNEL DEL TIEMPO
4// LOS AMIGOS SON LOS AMIGOS
5// LAS CADENAS DEL SILENCIO
6//ÚNETE A LOS SEGUIDORES DE DIOS
7//LOS SUPERHÉROES

DESCIFREMOS LA CLAVE SECRETA

Quiero que sepas que hay alguien que te ama más de lo que te hayas podido imaginar jamás durante toda tu vida.

Hay alguien que solo tiene una misión, y es que te puedas encontrar con él para vivir una vida diferente. Es Jesús.

Para que lo conozcas un poco, te cuento lo que sucedió con un amigo de él. Un amigo de Jesús había muerto, y dice la Biblia que Jesús se puso a llorar. Su dolor fue tan grande, que fue una de las pocas ocasiones en que lloró en esta tierra. Pero mejor te dejo que leas esta historia en la Biblia:

«Conmovido una vez más, Jesús se acercó al sepulcro. Era una cueva cuya entrada estaba tapada con una piedra. —Quiten la piedra —ordenó Jesús. —Marta, la hermana del difunto, objetó: —Señor, ya debe oler mal, pues lleva cuatro días allí. —¿No te dije que si crees verás la gloria de Dios? —le contestó Jesús. Entonces quitaron la piedra. Jesús, alzando la vista, dijo: —Padre, te doy gracias porque me has escuchado. Ya sabía yo que siempre me escuchas, pero lo dije por la gente que está aquí presente, para que crean que tú me enviaste. Dicho esto, gritó con todas sus fuerzas: —¡Lázaro, sal fuera! El muerto salió, con vendas en las manos y en los pies, y el rostro cubierto con un sudario. —Quítenle las vendas y dejen que se vaya —les dijo Jesús» [Juan 11:38-44].

Que final tan increíble. Un amigo muerto, y un milagro de amor como nunca había ocurrido. Jesús le dijo a su amigo: «¡Sal fuera!» Aquellas palabras milagrosas hicieron que el cadáver recibiera todo el poder de Dios y fuera resucitado. «¡Sal fuera!» son las palabras que Jesús pronuncia sobre tu vida en este momento, si crees en él y lo dejas entrar en tu corazón ahora mismo. Te escribo una oración para ayudarte a invitar a Jesús a convertirse en el dueño de tu vida y proclamar tu fe en él. «Señor Jesús, yo necesito que pronuncies estas palabras para que cambien completamente mi vida y pueda salir de la tumba en la que me encuentro. Por eso te invito a entrar en mi corazón y convertirte en el dueño de todas las situaciones que vivo. Te pido perdón por todos mis errores y te suplico que no te olvides de mí. Te necesito». Escribe la oración en un papel, firma debajo y guárdala en tu Biblia, agenda o diario. Es muy importante para ti y para Dios. Es el comienzo de una aventura eterna, no lo olvides. *«Mas a cuantos lo recibieron, a los que creen en su nombre, les dio el derecho de ser hijos de Dios»* [Juan 1:12]. Sí; a partir de hoy, Dios te cuidará como a un hijo. Te ha dado su poder para enfrentarte a todas las plagas y vencerlas en el Nombre de Jesús.

EL SARCÓFAGO DE TUTANKAMÓN

2//

(El inventario
del infierno)

DESCIFREMOS LA CLAVE SECRETA

Este es el primer paso a dar para combatir las plagas que han llegado a encarnarse en tu vida. La primera prueba que debes pasar es la
de la «tumba de Tutankamón». La he llamado así, porque se ha ha-
blado mucho de las maldiciones en las tumbas faraónicas de Egipto.
Cuando descubrieron y desenterraron sus tesoros y sus momias, los
exploradores que hicieron estos hallazgos fueron alcanzados por
conjuros o hechizos. Aunque esto es una historia de ficción, muchos
de nosotros parecemos no atrevernos a desenterrar nuestro pasado. Vamos a desenterrar aquellas cosas que nos han hecho mal y las
vamos a enumerar una por una. Por eso debes tomar ahora mismo
un cuaderno para escribir todas y cada una de las situaciones con
las cuales te has enfrentado con esta plaga, sin omitir detalle. Necesitas tomarte unas cuantas horas para saber finalmente que todo
lo que te ha sucedido ha quedado escrito en ese papel: tus caídas
más bajas, tu dolor, tus enojos, tus fracasos, tus mentiras... Nadie
debe saberlo, excepto tu líder o pastor. Ahora nos prepararemos
para el gran paso. Busca un lugar adecuado donde puedas destruir
por completo aquellas cosas que el infierno ha querido usar para
arruinar tu vida. Será la última vez que las nombres, y se convertirá
en tu despedida a esta manera de vivir. Por cierto, iva a ser un gran
momento! No lo hagas solo, sino hazlo con alguien que sea para
ti como un hermano mayor; que sea testigo de ese deseo tuyo de
«quemar lo viejo». Quema este papel o cuaderno en el nombre de
Jesús. Pídele perdón a Dios por cada uno de tus errores, y fuerzas
en el Espíritu Santo para poder vivir.

*«Pero si tú vuelves la mirada a Dios, sí le pides perdón al Todopode-
roso, y si eres puro y recto, él saldrá en tu defensa y te devolverá el
lugar que te corresponde»* [Job 8:5].

3//EL TÚNEL DEL TIEMPO

(Dejar de vivir en el pasado)

DESCIFREMOS LA CLAVE SECRETA

El punto donde te encuentras hoy es el resultado de cientos de decisiones que has tomado en el pasado. Con todo, te tengo una excelente noticia: a partir de hoy, tomarás unas decisiones que forjarán tu futuro, tomado de la mano de Dios.

En este túnel del tiempo, las plagas intentarán decirte una y otra vez que estás atrapado; que tu situación es la misma que antes de haber tomado la decisión de terminar con esa plaga en tu vida y en tu corazón. La Biblia proclama: «*Por lo tanto, si alguno está en Cristo, es una nueva creación. ¡Lo viejo ha pasado, ha llegado ya lo nuevo!*» (2 Corintios 5:17). Tu vida ha sido cambiada por estar en la presencia de Dios. El poder de Dios será la fortaleza de tu vida para tomar la decisión de escaparte del túnel del tiempo. Mira lo que tienes por delante: toda una vida para desarrollar el propósito de Dios y compartirla con los tuyos, y con millones más que desean experimentar el amor que Dios ha derramado en tu corazón.

No vivas en el pasado, como si aquellos recuerdos estuvieran sucediendo hoy. Dios quiere despertarte a esta nueva vida que tiene para ti. Tú decides hoy que ha llegado el final de los recuerdos que te mantienen detenido en el tiempo. Puedes hacer varias cosas con las plagas y derrotas del pasado. La primera es volver a tropezar con ellas una y otra vez, hasta destruirte la vida por completo. La segunda es saltarlas e ignorarlas, como si nunca hubieran ocurrido. Tal vez creas que esta es la actitud correcta, pero no es así.

La tercera decisión es la acertada, y consiste en recordar estos hechos como históricos, ocurridos en tu vida. Entonces, desde el perdón de Dios, caminar hacia una vida restaurada y transformada completamente por su amor. Así vivirás de acuerdo a la perspectiva de Dios, «de triunfo en triunfo». ¡Tu futuro está marcado por las decisiones de hoy!

LOS AMIGOS SON LOS AMIGOS

(El camino al fracaso)

4//

DESCIFREMOS LA CLAVE SECRETA

Si hay algo que mantiene a la gente atada a alguna plaga, son los amigos. Por lo general, nuestros amigos son los que nos han empujado y alentado a meternos en situaciones como aquella en la que tú te has encontrado. Sí, así es. Aquellos que todavía están dominados por alguna plaga, tratarán de empujarte otra vez, consciente o inconscientemente, hacia el abismo.

Este paso será uno de los más duros, pero es esencial para tu vida. Te tienes que alejar de tus amigos por un tiempo, hasta que estés lo suficientemente fuerte para ayudarlos. Son centenares los que han creído que al menor indicio de libertad, ya se iban a convertir en los mesías de sus amigos. Lo que ha sucedido es que, al cabo de poco tiempo, ya formaban otra vez parte de la barra. ¿Acaso no será que todavía no estás preparado para enfrentarlos? Exacto. Tus amigos necesitan ayuda, pero en este momento, eres tú quien tiene la prioridad. No siempre, los amigos nos dicen o dan lo que necesitamos. Este es el momento. Si lo deseas, llámalos uno por uno y diles que has empezado a vivir una etapa nueva en la vida, y que vas a estar lejos por un tiempo. No lo hagas solo.

La mayoría de los jóvenes quedan varados en este paso. ¿Qué harás tú? Porque nadie puede cambiar su vida si decide dejar las cosas tal como estaban. Tienes que entender que «un ciego no puede guiar a otro ciego», y que es necesario que te cuides de aquellas cosas que realmente han estado destruyendo tu vida. *«Todo aquello que para mí era ganancia, ahora lo considero pérdida por causa de Cristo. Es más, todo lo considero pérdida por razón del incomparable valor de conocer a Cristo Jesús, mi Señor»* [Filipenses 3:7-8].

Tú puedes lograrlo. De esa manera, tendrás la posibilidad de ayudarlos dentro de no mucho tiempo.
No tengas miedo. ¡Sí se puede!

LAS CADENAS DEL SILENCIO

(El peso del secreto)

5//

DESCIFREMOS LA CLAVE SECRETA

Un lugar muy oscuro y lejano, dentro de tu propia alma. Cargado con el peso de tu culpa y sin encontrar la salida de ese infierno. Atrapado en una cárcel de máxima seguridad, donde has permitido que el mismo diablo te convenciera de que en esta vida te va a ser imposible ver la luz de la libertad. Ese horrible lugar a veces te hace sentir seguro. Casi sin comprenderlo, decidiste ser prisionero; sí, prisionero y esclavo del villano que impide la libertad de miles de jóvenes, y a ti te mantiene encadenado a tu pasado. Su nombre es el silencio. Parece inofensivo, pero no lo es. Su veneno penetra desde tus sentimientos hasta lo más profundo de tu espíritu, y llega a convertir tu corazón en una piedra que va a ser casi imposible de penetrar.

Dice la Biblia que «somos cartas abiertas». Este es el secreto para romper la maldición del silencio: dejar que Dios en primer lugar, y después los demás, puedan leer lo que hay en tu corazón.

Una canción muy famosa dice que «hay que sacarlo todo afuera, como la primavera». De eso se trata: de tomar la decisión de ser completamente libre. De descansar en el conocimiento de que Dios y tus líderes te van a poder ayudar, comprender y encaminar durante este tramo del proceso con la confianza del que es un vencedor de plagas. ¡Ya estás listo! Es el momento de romper las cadenas del silencio. Es la hora de mirar el inmenso propósito que Dios tiene para tu vida. No dejes que la plaga del silencio te engañe una vez más. Solo estás en una cueva de frustración y Dios te llama a entrar en su presencia. «El Señor le ordenó: Sal y preséntate ante mí en la montaña, porque estoy a punto de pasar por allí. Como heraldo del Señor vino un viento recio, tan violento que partió las montañas e hizo añicos las rocas; pero el Señor no estaba en el viento. Al viento lo siguió un terremoto, pero el Señor tampoco estaba en el terremoto. Tras el terremoto vino un fuego, pero el Señor tampoco estaba en el fuego. Y después del fuego vino un suave murmullo» [1 Reyes 19:11-12].

Corre hacia la salida y decídete a abrir tu corazón ahora mismo. Este es el momento... ¡No lo dudes!

Si David hubiera podido hablar con su amigo Jonatán cuando cayó con Betsabé, todo habría sido diferente para él. Su reinado habría sido recordado como íntegro y puro. En cambio, su orgullo mató al hijo de esta relación y alimentó la traición de Absalón, otro de sus hijos. Mírate al espejo por un minuto y rompe con la plaga del silencio. ¡Atrévete a ser libre!

194 LAS 10 PLAGAS DE LA CIBERGENERACIÓN

ÚNETE A
LOS SEGUIDORES DE DIOS

(Lo mejor de la vida
es compartirla con otros) **6//**

DESCIFREMOS LA CLAVE SECRETA

Año tras año, miles de jóvenes de todo el mundo se unen al grupo más maravilloso de seguidores: los discípulos de Jesucristo.
Sus miembros no son perfectos, pero intentan mejorar cada día. Acercarse más a Jesús es el objetivo de sus vidas; quieren experimentar la transformación de su amor en carne propia.
Tienen miedo, pero siguen avanzando. Se equivocan, pero luchan por cumplir el propósito de Dios en sus vidas.
Dios llama a esos seguidores suyos «real sacerdocio, nación santa, pueblo adquirido». ¡Son los encargados de llevar el mensaje más maravilloso de todos los tiempos!

¿Quieres entrar a formar parte de su grupo de seguidores?
Quiero abrirte mi corazón: si aún crees que vas a poder «solo», ¡por favor, cierra este libro en este mismo instante!
Necesitas de un grupo de amigos para desarrollar tu vida, y compartir tus derrotas y tus victorias. Además, podrás conocer cómo están peleando otros «la buena batalla» contigo. Te va a parecer increíble el parecido entre lo que les sucede a ellos y lo que te sucede a ti.
En poco tiempo comprenderás que eso que te sucede a ti, les está sucediendo a miles de jóvenes, y que otros miles ya han sido librados de cada una de estas plagas por el poder y amor de Dios. Te encontrarás en medio de un grupo de jóvenes con los cuales conocerás a la persona más increíble del mundo: ¡JESÚS!
«Yo estoy a la puerta y llamo...»

P.D.: ¡Bienvenido al club!

196 LAS 10 PLAGAS DE LA CIBERGENERACIÓN

7//

LOS SUPERHÉROES (Josué y Caleb)

DESCIFREMOS LA CLAVE SECRETA

La vida se vive mucho mejor si se comparte con alguien.
¿Qué hubiera sido de la vida del gran rey David, si no hubiera ido Jonatán a avisarle que su padre Saúl lo quería matar? Solo habría sido un simple pastor de ovejas que había derrotado a un gigante. ¿Como habría llevado Moisés un mensaje claro y potente sin la ayuda de Aarón? ¿Quién habría llevado al pueblo a la tierra prometida sin la ayuda de Josué? No me cabe duda alguna, el éxito de tu transformación dependerá de cuánto estés dispuesto a ser discipulado y acompañado por otra persona con la cual compartirlo todo.
La clave de la liberación de una «plaga» siempre está en que le abras tu corazón a una persona «de carne y hueso». ¿Cómo vas a pretender abrirle tu corazón a un Dios que no ves, si no lo puedes hacer con alguien a quien estás viendo? Tú dirás que es más fácil. Y es verdad... pero si haces la prueba, te darás cuenta de que es mucho más efectivo y rápido tener un líder con quien compartir nuestra vida. El Eclesiastés dice: *«Más valen dos que uno, porque obtienen más fruto de su esfuerzo»* [4:9]. La Biblia nos enseña a caminar por pares como norma, para llevar una vida santa consagrada a el y no caer en la trampa de la soledad. Los discípulos iban de dos en dos, no por capricho, sino para sostenerse uno a otro. Jesus fue el único que anduvo solo. Si crees que tú eres el segundo Jesús, ¡adelante! Pero si eres humano como yo, no tienes otra salida...
Mi esposa y yo tenemos a Edgardo Mancini, nuestro amigo y pastor. Él conoce nuestros más grandes fracasos. Nos ha acompañado siempre en las malas, y en las buenas «festeja» con nosotros.
Estás a punto de comenzar la aventura más hermosa de la vida. Recuerda: somos como cartas abiertas. Es la aventura de compartir «tu carta» con alguien que sea tu líder para toda la vida. Serás compañero de batallas, con victorias y derrotas, de alguien a quien elijas para que sea testigo de la liberación total en tu vida de la «plaga» que te ha mantenido esclavo durante tantos años de tu vida. Ahora vas a dar los primeros pasos de una vida que lo entregará todo para cumplir la misión que Dios pondrá en tus manos. Dedícate a rescatar a miles de jóvenes y adolescentes que te necesitan como testimonio de una vida cambiada por Jesucristo y transformada por su amor.

En uno de los momentos difíciles de mi ministerio, una chica me envió esta carta, que para mí es un aliento de Dios. Cada vez que me desanimo, vuelvo a leerla, porque creo que Dios usa jóvenes como ella para hablarnos al corazón. Te dejo este regalo de parte de Dios, que te alentará a seguir adelante tomado de su mano.

«Alejandro: A lo largo de este año has recibido grandes bendiciones, pero también ha sido un año de grandes desafíos para tu vida, con sueños de Dios que al principio parecían imposibles, depositados en tu corazón. Hoy son una realidad; todavía hay mucho por hacer, pero no te desanimes por aquellas cosas que han quedado inconclusas, porque Dios en su tiempo te dará la oportunidad de volver a intentarlas.

»Como soldado del ejército de Dios, siempre tendrás una batalla que pelear, y al final de cada batalla —ganada o perdida— Dios te esperará para darle nuevas fuerzas a tu espíritu. Así te podrás enfrentar a la siguiente.

»Cuando el camino se haga cuesta arriba, no lo dejes.

»Cuando las cosas vayan mal, como a veces sucede, no lo eches todo a rodar.

»Cuando no consigas resultados y se sumen los problemas, no te rindas.

»Cuando quieras sonreír y solo puedas suspirar, no te caigas.

»Cuando la suerte te sea adversa y no encuentres fuerzas para seguir, no renuncies.

»Cuando no encuentres compañeros de lucha, no te apartes.

»No lo dejes, no lo abandones, no te rindas, no renuncies...

»Recuerda que es Dios quien hace la obra.»

Esta chica es cuadripléjica y tiene treinta años. Cada vez que la encuentro, tiene una sonrisa en los labios.

¿Será porque ha llegado a entender el secreto de la vida?

Compartir es parte de la formula para lograr ese éxito.

Ale Gómez.

PERFIL DE ALE GÓMEZ

PERFIL DE ALE GÓMEZ

A través de los años, Ale Gómez ha desarrollado su pasión por los jóvenes en las calles de los barrios con jóvenes en situación de riesgo. Cuando comenzó su trabajo en las calles, nunca pensó en llenar parques de diversiones con más de veinte mil jóvenes. Solo pensó en algún joven que necesitaba del amor que lo había cautivado: el de Dios.

Más allá de los megaeventos, el pastor de jóvenes Ale Gómez lidera una serie de actividades sociales que han logrado trascender inclusive a través de los medios seculares.

Aproximadamente hace cuatro años, un multitudinario encuentro en un parque despertaba una nueva forma de evangelizar puertas afuera de las iglesias. Miles de jóvenes colmaron aquellos centros de entretenimiento sin conocer muy bien a su mentor, ni el verdadero propósito que Dios tenía en la vida de aquel hombre cuya visión dio lugar a una transformación genuina y fuertemente aceptada, tanto por la juventud cristiana, como por la que no lo es.

Cuando las luces de esos eventos se apagan, es cuando comienza la actividad diaria que el pastor de jóvenes Ale Gómez emprende en distintos terrenos de amplia necesidad. Tan es así, que su vida se comparte entre la dirección de la tecnología en una importante empresa multinacional, y un correccional de menores o la granja de rehabilitación que dirige, donde se manifiesta el amor de Dios hasta en aquellos detalles donde muchos hombres de Dios pierden su credibilidad.

Los domingos, este pastor juvenil, padre de dos hijos y esposo de Laly de Gómez, se dispone a compartir un mensaje de lo alto con los miembros de su amada iglesia, en la cual pastorea. Luego, durante la semana, se reúne con su equipo a fin de trazar los lineamientos y acciones que junto a la red Jesus Warriors emprenderán desde los distintos puntos estratégicos de Buenos Aires y ciudades del interior del país. De esta manera, día a día, en cada ciudad y cada evento, o simplemente por las calles de un barrio, comanda personalmente y ve cara a cara a drogadictos, travestís, jóvenes y mayores con sus necesidades, sus miedos y por sobre todas las cosas con el objetivo de conocer y reflotar «sus sueños», grandioso regalo de Dios a cada persona, que muchas veces se ve derrumbado por su triste realidad.

202 LAS 10 PLAGAS DE LA CIBERGENERACIÓN

A tan solo meses de haber realizado un megaencuentro en el Luna Park (el estadio cerrado más importante de la Argentina), y en el legendario escenario de Cosquín (anfiteatro abierto donde anualmente se realiza el evento folclórico más renombrado del país), este pastor que propone salir a las calles para rescatar jóvenes sin ningún tipo de rumbo, comienza a ser observado por la prensa no cristiana, que descubre en cada aspecto de su vida un verdadero ejemplo para la juventud. Nadie imaginaría que el pastor que comenzó evangelizando en Ciudad Oculta, que logró captar la atención de la movida tropical en programas televisivos y que ha aprendido a manejarse en la vida siguiendo los pasos de Jesucristo, hoy sea uno de los líderes más consultados y difundidos por el periodismo secular.

Los medios tienen curiosidad por conocer a este «personaje» religioso que vive como cualquiera de ellos. El programa de Chiche Gelblum consideró otorgarle un espacio de opinión ante un tema dirigido al ámbito juvenil. Así, «Cámara Testigo» fue testigo de cómo treinta mil personas se decidían por Jesús en Concordia, Entre Ríos, que era sacudida por un grupo de jóvenes, los cuales, por medio del arte y la música, daban un mensaje de esperanza. La revista VIVA eligió los eventos 12/12 para publicar por primera vez en la historia 4 carillas de la movida juvenil cristiana. Además de esto, las prestigiosas revistas ELLE y Semanario se hicieron eco de la parte menos conocida de Ale Gómez; aquella que solo se puede vivir si el periodista lo espera a la salida de su trabajo y entre trenes subterráneos y caminatas, recorre cada parada que el pastor realiza hasta que, con la caída del sol, regresa a su casa para compartir con los miembros de su familia, sus principales y fieles compañeros de ruta.

Muchos aspirantes y líderes en carrera compiten para ver quien hace el evento más grande o quien tiene más aceptación entre los jóvenes, cuando en realidad Jesús enseña que hay que compartir, no competir. El intento por darle a la sociedad una palabra que la saque de la mediocridad espiritual y humana, es lo que ha movilizado a Ale Gómez a desarrollar con el mismo entusiasmo cada una de las actividades, sin medir cuál es la que saldrá en una tapa de revista, y cuál no.

Quizás hasta hoy, que ha leído estas líneas, no había creído que el pastor que en cada evento sacude a la nación a través del hip hop,

PERFIL DE ALE GÓMEZ

el rock y los efectos especiales y, que ha traído a muchos artistas a los pies de Cristo, fuera mucho más que un organizador de eventos. Ale Gómez es un servidor de Jesús; un guerrero que está alerta a cada misión que el Señor le encomiende. En cada oración y mensaje, siempre le pide a Dios que el objetivo de los cientos de jóvenes que se unen al ejército más increíble de los últimos tiempos, sea estar alineado con la visión que el Padre Celestial ha confiado y puesto personalmente en sus manos.

Es grandioso saber que los ojos de aquellos que no han tenido el privilegio de conocer a Jesús, lo puedan hacer siguiendo el ejemplo de este pastor de jóvenes que, con su mochila y zapatillas «todo terreno», emprende un largo viaje hacia una localidad de La Matanza, donde también pastorea un centro de rehabilitación para jóvenes con problemas de adicción. En ese lugar esos jóvenes nunca han tenido que ir a un evento 12/12 para conocer a Ale, porque no solo brilla en las plataformas, sino que también lo hace en las calles de su ciudad.

Iván Ramírez Devia – Periodista

Ministerio Juvenil Efectivo

El propósito de este libro es proponer estrategias, ideas y principios para desarrollar un liderazgo juvenil inteligente, compartiendo lo esencial del ministerio juvenil efectivo. Los líderes juveniles tienen un increíble potencial en sus manos. Una riqueza que debe ser administrada con sabiduría, perspicacia e inteligencia. Esta obra los ayuda a aprovechar ese potencial de una manera eficaz.

0-8297-3788-X

¡Ayúdenme!
Soy líder de adolescentes de 12 a 15 años

0-8297-4598-X

Para ser líder de adolescentes se necesita ser un adulto especial, así como los adolescentes son un tipo especial de personas. A pesar de lo complicado que se piensa que pueden ser, los adolescentes son capaces de tener una genuina comprensión espiritual y un crecimiento adecuado, solo que ellos absorben las enseñanzas de la Biblia y demuestran su espiritualidad de una manera diferente. Este libro le permitirá comprender a sus adolescentes para luego enseñarles con métodos que sean adecuados para ellos.

Nos agradaría recibir noticias suyas.
Por favor, envíe sus comentarios sobre este libro
a la dirección que aparece a continuación.
Muchas gracias.

Vida@zondervan.com
www.editorialvida.com